〰〰 **자해를 하는 마음**

〰️ 자해를 하는 마음

오해를 넘어
이해로

임민경 지음

아몬드

이 책이 의미 있을 단 한 사람을 위해

한국 사회에서 자해를 향한 관심이 급증한 시기는 2010년대 후반쯤인 것 같다. 국내에서 진행한 자해 연구 동향을 살펴보면, 2010년에서 2013년까지 4년간 출간된 자해 관련 연구 논문은 단 4편이었으나 이후 2016년에서 2019년까지 4년 동안에는 30편으로 대폭 늘었다. 특히 2018년에는 자해에 관한 특별 심포지엄이 개최되고 여러 시사 언론 매체에서 자해를 집중적으로 보도하면서 사회적인 이슈로 급부상했다.

　이러한 학술적, 사회적 관심이 나는 무척 반가웠다. 일차적으로는 임상심리전문가라는 직업 때문이기도 했지만, 개인적인 이유에서도.

내 경우가 특별한 것인지는 잘 모르겠지만, 국내에서 자해가 거의 연구되지 않던 2000년대 초·중반에도 내 곁에는 자해를 하는 사람이 성별을 가리지 않고 꾸준히 있었으며, 한때 나도 그들 중 하나였다. 예를 들어 중학교 때 학원에서 처음 알게된 〈오〉가 있다. 우리는 블로그 이웃이 됐는데 그는 가끔 피가흐르는 손목 사진을 블로그에 업로드했다. 재수 학원에서 만났던 〈에스〉와 〈시〉 이야기도 빼놓을 수 없다. 그들은 자해 상처를 남몰래 내게 보여주었고, '자해'라는 말 대신 남들이 알아듣지 못할 만한 암호를 정해 이야기하기도 했다. 비록 시간이 흘러 우리 모두 이제 자해와는 거리가 있는 삶을 살지만, 자해를향한 사회적 관심이 높아지는 일이 나에게는 그 시절의 나나 내친구들에게 보이는 관심인 것 같아 기껍고 좋았다.

그러나 한편으로는 무언가 석연치 않았다. 시대가 변하고소위 '자해 문제'가 대중적인 관심을 많이 얻게 되면서 자해하는 사람을 대하는 사회의 시선과 태도가 많이 달라졌음에도, 자해 당사자를 향한 편견과 오해는 그리 쉽게 사그라들지 않았기때문이다. 자해는 '관심종자' 혹은 '정신병자'나 하는 짓이라는편견이 대표적이다. 자해가 '한때의 유행'이며 '놔두면 알아서 사라질' 문제라는 오해도 뿌리 깊다. 이런 말들은 자해 당사자를 더 갈 곳 없게 만들며 때로 분노에 휩싸이게 한다. 그런 오해와 편견들을 미약하나마 걷어내기 위해 그리고 자해 당사자를 이해하고 곁에서 도와주고 싶은 사람과 자해 당사자 사이에 조금이라도 다리를 놓아주기 위해 이 책을 쓰기 시작했다.

책을 쓰는 과정에서 자해를 하는 혹은 과거에 자해를 했으나 최근 중단한 당사자 열 명을 인터뷰했으며 상담교사로 재직 중인 선생님도 만나 이야기를 들었다. 여러 이유로 인터뷰한 내용을 미처 싣지 못한 부분도 있고 극히 일부만 인용하기도 했지만, 그들이 인터뷰에서 들려준 이야기는 하나같이 내가 자해를 조금 더 선명하게 이해하는 데 중요한 역할을 했으며 이 책의 어느 부분엔가 영향을 미쳤다.

인터뷰에 참여한 분들에게 양해를 구하고 책에는 가명이나 닉네임으로 적었으며, 필요에 따라 개인을 특정할 만한 사항은 각색했다. 하지만 이렇게 익명화한다 해도 내밀하고 개인적인 이야기를 다른 사람의 손을 거쳐 세상에 내어놓는다는 것이 마냥 쉬운 일만은 아님을 알기에, 이 지면을 빌려 인터뷰에 참여한 모든 분들에게 고마운 마음을 전한다.

솔직히 이 책을 과연 계속 써야 할지 오랫동안 망설였다. 그 과정에서 상담 선생님과 원고 이야기를 한 적이 있는데 그때 선생님이 건넨 한마디가 포기하고 싶은 순간마다 글쓰기를 이어가게 하는 힘이 되어줬다. "이 책이 의미 있을 단 한 사람을 위해 계속 써보라"는 말. 욕심이 많은 탓에 단 한 사람을 고르지는 못했지만, 이 책을 쓰는 동안 인터뷰에 참여해준 분들과 과거의 내 친구들(약 15년의 세월이 흐르는 동안 어떤 사람은 심리학에 뛰어들었으며, 어떤 사람은 교사가 되었고, 어떤 사람은 해외에 둥지를 텄으며, 어떤 사람은 세상을 떠나고 없다)을 자주 떠올렸다. 이 책은 그들에게 보내는 은밀한 윙크이자 러브레터이며, 한편으로는 '살 만한 삶'이란 무엇일지 함께 생각해보자는 조심스러운 제안이기도 하다. 부디 이 마음이 조금이나마 전해지기를 바란다.

차례

1

자해의 역사

두 세계

별로 내키지는 않지만, 어쩔 수 없이 이 이야기를 꺼낼 수밖에 없겠다. 약 20년쯤 전, 나는 '자해러'*였다. 비록 그때는 이런 단어가 없던 시절이긴 하지만 말이다. 남들이 알아도 좋고 몰라도 좋을 개인적인 사실을 군이 밝히며 글을 여는 이유는, 자해의 역

---

* 자해+러(영어 어미인 ~er)는 '자해를 하는 사람'을 뜻하는 용어로 온라인에서 처음 사용됐다. 어떤 사람이 하는 특정 행동으로 그 사람 전체를 지칭하는 일은 지양해야 마땅하다. 특히 '자해러'라는 단어가 비웃음이나 자조, 경멸을 담아 사용될 때가 있다는 점을 생각하면 더욱 그러하다. 다만 특정한 문화적 맥락에서는 이 단어를 사용하는 것이 적절할 때가 있다 (예를 들어 온라인상에서의 자해에 관한 논의를 이야기할 때). 이 책에서는 그런 맥락이라고 판단될 때만 간헐적으로 이 용어를 사용했다.

사를 다루는 이 장이 결국 '사람들이 자해와 자해 당사자들에게 어떻게 반응했으며 자해가 어떤 과정을 거쳐 편견의 대상이 되었는지'에 관한 이야기가 되어버린 것을 설명할 필요가 있기 때문이다. 그리고 이 장에 등장하는 질문들이 어떻게 나오게 되었는지도. 그런 의미에서 앞으로 내가 스스로 묻고 답할 질문은 분명 다른 어떤 사람도 무척 궁금해했던 문제일 것이라 생각한다.

청소년기에 내가 만났던 의사와 상담자 그리고 가까운 친구 들은 대부분 자해에 대단히 수용적이었다. 그들은 나에게 기꺼이 공감하고 타인의 선택을 함부로 비난하지 않으며 열린 마음으로 나와 나의 자해를 대해주었다.

내가 가장 힘들었던 시기에 정서적으로 비빌 언덕이 되어주었던 친구는 당시에는 그토록 태연하고 담담하더니만, 서른이 넘어서야 "네가 혹여나 잘못될까 봐 얼마나 무서웠는지 아느냐"고, "그때 왜 그랬느냐"고 물었다. 나는 그 친구의 한결같고 묵묵한 태도에 언제나 위안을 얻곤 했는데, 사실은 그 친구도 알게 모르게 여러 혼란과 불안을 견디고 있었던 것이다. 힘든 시기에 이런 사람들이 곁에 있어주었기에 다행히 나는 자해에 관해서 별다른 복잡한 감정 없이 그 시기를 지날 수 있었다.

혼란은 오히려 나중에 대학원에서 임상심리를 전공하며 학술적 관심으로 자해를 대할 때 찾아왔다. '전前-자해러'와 임상심리 전공생이라는 두 입장에 다소 차이가 존재했던 것이다.

나는 전-자해러이자 임상심리학자입니다

자해 당사자는 다분히 주관적 입장에서 자해를 바라볼 수밖에 없다. 이들에게 중요한 것은 자해 자체가 아니라 지금 겪는 감정적·존재론적 고통이며, 자해는 그저 그것을 해소하거나 밖으로 드러내는 수단에 불과하다. 이러한 이유로 자해 당사자는 자신의 자해에 관심을 가지는 이를 그저 '겉으로 드러나는 데만 관심이 있고', '자해를 멈추는 데만 급급해서 진짜 문제는 보지 못하는' 사람으로 생각하거나 자해를 중지시키려는 모든 시도에 반감을 느끼기도 한다.

그런데 임상심리전문가나 치료자는 거의 언제나 과학적이고 객관주의적인 맥락에서 자해를 이해하고자 노력하며, 상담할 때 자해 중단을 우선순위에 두는 경우가 많다. 이들에게 내담자를 생각하고 위하는 마음이 없다고 할 수는 없으며, 자해는 장기화할 경우 자살 위험을 높이고 그 자체로 부정적인 정서를

야기하기에 관심을 기울이며 개입해야 하는 것도 맞다. 하지만 자해 중단이 우선순위라고 생각하지 않는 사람과 자해 행동을 일단 멈추는 것이 중요하다고 생각하는 두 사람이 한 자리에서 만났을 때, 이들이 서로에게 마음을 열어 보이기란 쉽지 않은 일이다.

두 세계의 교류를 더 어렵게 하는 순간은 자해를 향한 뿌리 깊은 편견이 자해 당사자의 주변인이나 선생님, 치료자 심지어 자해 당사자 본인에게서 발견될 때다. 예를 들어 "자해는 관심을 끌기 위해서 하는 거 아니야?" 같은 말들. 이러한 말을 들으면 어떤 자해 당사자는 마치 모욕을 당한 것처럼 화를 내며 반응하는데, 이 분노에는 어느 정도 정당한 면이 있다. 왜냐하면 자해가 '관심을 끌기 위한 시도'라는 설명에는, 인터넷에서 '관종(관심종자)'이라는 말이 욕으로 사용되듯 경멸하는 어조가 깔려 있기 때문이다. 이런 말을 들은 자해러들 그리고 내 안의 전-자해러는 흔히 분노하며 이렇게 항변한다. "관심을 끌기 위한 시도가 아니"라고, "어떻게 그런 식으로 말할 수가 있느냐"고.

대체 어떤 사람이 그저 관심을 끌기 위해 자기 몸을 해치는 극단적인 방법을 택하겠는가. 사실 대부분의 자해 당사자는 자해 사실과 흉터를 숨기려고 노력하며, 타인이 자해를 발견했을 때 많은 경우 수치심을 느낀다. 그러니 이들에게 자해가 순전히 관심을 끌기 위한 시도라는 설명은 상황을 지나치게 단순화하는, 아주 부당한 혐의처럼 느껴지기 마련이다.

자해를 바라보는 흔한 인식 또는 오해

그런데 이 설명이 아주 틀리지만은 않다는 데서 나의 두 번째 곤란이 시작된다. 이제부터는 임상가로서 마이크를 쥐고 이야기를 시작하겠다. 다른 사람의 관심을 끌기 위해 자해하는 사례가 분명 있긴 하다.

자해의 기능을 연구하는 연구자들은 자해가 크게 '개인 내적인 기능'과 '개인 간 기능'을 한다고 말하는데, 거칠게 설명하자면 전자는 자해가 자기 정서 조절에 미치는 영향을 말하며 후자는 다른 사람에게 미치는 영향을 의미한다. 우리나라 대학생들을 대상으로 진행된 연구를 보면, 자해하는 사람 중 약 5~10퍼센트는 '자신이 얼마나 절박한지 다른 사람에게 알리기 위해', '주의를 끌기 위해'와 같은 이유로 자해를 한다고 응답했다.[1] (오해를 피하기 위해 미리 적자면, 나는 이러한 사례가 결코 가벼이 볼 만한 것이 아니며 주변의 지지와 임상적 관심이 반드시 동반되어야 한다고 생각한다.)

물론 괴롭고 고통스러운 정서를 조절하고자 하는, 개인 내적인 이유로 자해를 한다고 응답한 사람이 훨씬 많다는 점은 분명히 짚고 넘어가야 한다. 그러나 무시할 수 없는 비율의 사람들이 타인에게 자신을 알리기 위해 자해라는 수단을 사용한다. 그렇지만 자해 당사자는 '관심을 끌기 위해서 자해를 하는 것'이라는 편견을 강화해서는 안 된다는 생각 때문에 더욱 곤란한 입장에 처하고 그럴수록 자신의 의도를 더 깊숙이 숨기기도 한다.

다시 나의 이야기로 돌아와서, 자해러였던 입장에서 심리학을 전공한다는 것 그리고 나와 내 주변의 '자해러'를 한 발자국 떨어져 객관적으로 바라보는 작업을 하는 것은 심정적으로 매우 복잡했다. 자해를 바라보는 나의 태도는 살아가면서 시시각각 달라졌다. 또, 어떤 입장의 누구로 이야기하는지에 따라 마치 진자운동을 하는 추처럼 이쪽 저쪽 서로 다른 자해의 측면을 부각시키기도 했다.

나를 괴롭게 하는 그리고 다른 자해 당사자를 괴롭히는, 자해를 바라보는 흔한 인식(오해)에는 여러 가지가 있다. 예를 들면 다음과 같다.

"자해는 유행한다(즉, 남을 따라 자해를 한다)."

"자해는 관심을 끌기 위한 시도다."

"자해는 리스트 컷^{wrist cut}(손목 자해)이다."

"주로 여성이 자해를 한다."

자해러 시절의 나는(그리고 내 안에 아직 살아 있는 '전-자해러'는) 이런 의견에 언제나 절대 아니라고, 자해는 유행하는 것이 아니며 관심을 끌기 위한 시도도 아니라고, 자해가 리스트 컷과 동일어도 아니라고 줄곧 주장했다.

하지만 내 주장들은 진실과는 거리가 있다. 아이러니한 고해성사를 하자면, 나는 친구와 미디어의 영향을 받아 자해를 시작했다. 솔직히 부모의 관심을 끌기 위해 자해한 적도 있다. 그리고 나는 리스트 컷을 주된 자해 방법으로 택했다. 맙소사.

그렇지만 당시의 나는 마치 내 경험들이 사실이 아닌 양 적극적으로 저 모든 문장에 "아니오"라고 대답했으며, 아직도 때로는 반사적으로 "아니"라고 말해버리고 싶은 충동이 든다.

지금에서야 깨달았지만, 나는 그때 이러한 명제 하나하나가 진실인지 검증하고 싶었던 것이 아니었다. 그보다 자해란 어른들이 생각하는 그런 '가벼운' 문제가 아니라고 말하고 싶었던 것에 가까웠다. 표면 아래 존재하는 더 복잡한 진실을 들여다보자고 이야기하고 싶었다. 많은 청소년기-초기 청년기의 문제를 두고 사회는 별것 아니라고, 한때의 것이라고, 가볍게 지나가도 좋은 것이라고 말한다. 나는 바로 거기에 저항하고 싶었다.

자해의 역사를 들여다봐야 하는 이유

그런데 자해 당사자의 고통과 괴로움을 외면하는 듯한 모든 혐의를 열심히 부정하면서도, 당시 마음속에는 내 짧은 지식으로 다 설명하기 어려운 의문과 찝찝함이 잠자고 있기는 했다. 예컨대 이런 것들이다.

만약 자해가 정말로 '유행'하지 않는 것이라면, 그러니까 남의 영향을 받지 않는 것이라면 왜 내 주변 사람들이 택했던 자해 방식은 하나같이 손목을 긋는 방식이었던 걸까? 스스로를 다치게 하는 데 수백 가지 창의적인 방법이 있을 텐데, 왜 하필 손목 자해일까? 자해하는 사람들이 자해 방법을 통일하자고 논의한 적은 없으니 분명 어딘가에서 누군가에게 배웠을 텐데, 어디서 배웠을까? 질문은 아주 간단했지만 자해 당사자에게도, 치료자나 다른 어른에게도 물어보기는 곤란했다. 후일 치료자가 된 뒤에도 이 질문에 답하는 것은 상당히 어려웠다. 나는 자해러였을 당시, 모든 자해하는 사람들이 손목을 긋는 줄로만 알았다. 주변에서 그런 경우만 목격했기 때문에.

자해를 둘러싼 오해와 마주했을 때 그저 '아니'라고 하는 것만으론 부족했다. 나에게는 (많은 자해 당사자도 비슷하게 공유하고 있을) 나의 경험을 소외시키거나 부정하지 않으면서도, 자해 당사자의 행동과 맥락을 더 잘 설명해줄 만한 이론적 틀이 필요했다.

이처럼 간단하지만 곤란한 질문에 불완전하게나마 답을 구하려면, 자해의 역사를 들여다보아야 한다. 왜냐하면 자해 행동과 자해를 향한 오해 모두, 생각보다 뿌리 깊은 역사를 갖고 있기 때문이다.

우선 자해에 대한 편견이 아직 생성되지도 않았을 시기, 그러니까 자해에 관한 최초의 문헌 기록이 남아 있는 시기부터 들여다보자.

뿌리 깊은 역사

자해 연구자들은 최초의 자해자로 스파르타의 왕이었던 클레오메네스 1세Cleomenes I를 언급한다. 헤로도토스의 《역사》에 담긴 기록에 따르면, 아마도 정신증이 있었던 것으로 추정되는 기원전 5세기의 이 인물은 "칼을 손에 들자마자 정강이부터 허벅지, 복부까지" 고기 썰듯 잘게 잘라버렸다고 한다.

역사책이 아닌 의학 논문에서 최초로 자해 사례가 보고된 것은 1846년이다.[2] 독일 의사인 에른스트 폰 베르크만Ernst von Ber-gmann의 논문에 등장한, 조울증이 있었던 것으로 추정되는 48세의 한 여성은 마태오복음의 "네 눈이 너를 죄짓게 하거든 그것을 빼어버려라"라는 구절을 읽은 뒤, 자신이 "죄인이며, 자신의 눈이 죄악으로 가득 찼"다고 여겨 스스로 안구를 적출했고, 그것도 모자라 의사에게 자신의 다리를 잘라달라고 부탁했다.

여기까지 읽은 사람들은 이런 행동을 '자해'라고 칭하는 것에 위화감을 느낄 것 같다. 다행히 죽지 않았기에 자해라고 부를 뿐이지 조금만 잘못되어도 요단강 건널 뻔한 치명적인 손상을 야기할 수 있는 행동이니까.

사실 이런 옛 사례들은 '스스로의 몸에 손상을 가한다'는 넓은 의미에서는 자해가 맞지만, 정신건강을 연구하는 현대 연구자가 '자살 의도가 없는 자해'라고 부르는 것과는 사뭇 다르다. '자살 의도가 없는 자해'의 정의는 뒤에서 자세히 살펴볼 예정인데, 현대에 이르러 정립된 이 개념에 따르면 자해와 자살은 구분되며(단, 실제 임상 현장에서는 자해와 자살을 완전히 구분하기 어려울 때도 있다) 흔히 피가 날 정도로 몸을 세게 긁는 것, 주먹으로 벽을 치는 것, 몸을 꼬집는 것, 칼로 손목이나 허벅지 등 몸을 긋는 행동 등을 자해라 일컫는다.* 다만 어떤 시기에 이르기 전

---

* 물론 자해의 방법이나 정도에 따라 자해 여부가 판단되는 것은 아니며, 정도가 심하다고 해서 자해가 아닌 자살 시도로 분류되는 것도 아니다. 현재 가장 흔하게 보고되는 방법들이라는 의미로 받아들여주길 바란다.

까지, 역사 속에서 자살 의도가 없는 자해(주로 '긋다', '때리다', '긁다'라는 단어와 붙어 다니는)와 자살의 의도가 있는지 없는지 알 수 없는 자기 손상 행위들('적출하다', '절단하다', '썰다'에 가까운)은 서로 구분되지 않은 채 섞여서 기술되었다. 자살 시도와 자해가 개념적으로 엄격하게 구분되기 시작한 것은 그리 오래되지 않았다.

의료 문헌에 기록된 자해 행동

우리가 오늘날 '자해'라고 하면 흔히 떠올리는 그런 종류의 '자해'가 자세히 기술된 문헌을 찾으려면, 시계를 적어도 18세기 말에서 19세기경으로 열심히 돌려야 한다. 정신과를 포함한 대부분의 전문 의료 분야가 18세기 말에 생겨나 발전하기 시작했으며, 따라서 이 시기부터 자해 행동이 의료 문헌에 기록되었기 때문이다.

지금까지 남아 있는 문헌으로 미루어 보면, 자살을 목적으로 한 자해와 자살 의도가 없는 자해를 처음으로 구분한 이들은 19세기 중반 영국의 의사들이었던 것으로 보인다. 자해 역사 연구자인 새라 채니Sarah Chaney는 19세기에 자해를 다룬 영미권의

의학 논문을 정리하면서, 당시 인기 있었던 자해 방법으로 깨물기, 주먹으로 물체나 벽을 치기, 화상 입기, 머리카락 뽑기, 거세 등을 꼽았다.[3]

그 외에도 몸에 바늘을 삽입하던 소위 '바늘 소녀needle girls' 라는 증례들이 거론되었다. 1850년 한 영국인 의사가 〈랜싯Lancet〉에 실은 글에 따르면, 36세였던 여성 환자가 복부 피하에 약 50개의 바늘을 찔러 넣은 사례가 있었으며 의사들은 이 행위가 '히스테리아인지, 광기인지' 궁금해했다. 이 시기에 칼로 몸을 긋는 것을 뜻하는 자상cutting은 자해 방법으로 거의 보고된 바가 없었다. 오늘날에는 그토록 흔하고, 자해 방법 선호도를 조사하면 거의 언제나 높은 순위를 차지하곤 하는 '리스트 컷'은 20세기 중반이 돼서야 자해 방법 목록의 상위권에 등장한다.

한 가지 흥미로운 것은, 이 무렵부터 성별에 따라 자해 행동이 다르게 인식되고 해석되는 경향이 나타난다는 점이다. 예를 들어 19세기 중반 즈음, 영국에서는 병역이나 세금, 기타 의무 이행을 피하기 위해서 자해한 남성들의 사례가 보고됐다.

이 시기에 '남성이 자신을 해치는 행동'은 경제적이고 실리적인 관점에서 받아들여졌다. 이러한 관점에서보면 자해하는 여성에게는 자해의 명백한 이유가 없어 보였다. 새라 채니에 따르면 이때 여성의 자해는 '동기 없는 꾀병'으로 여겨졌고 결국 히스테리아라는 개념 안에서 이해되었다. 히스테리 환자는 전통적으로 '남의 동정이나 관심을 매우 좋아하는' 사람이었기 때문에 자해가 '관심을 끌기 위한 수단'이라거나 '다른 사람을 조종하기 위한 수단'이라는 개념이 이 시기에 시작됐다는 것이다.

히스테리아와 여성의 자해

많은 경우 '히스테리아hysteria'를 정신분석과 관련된 맥락으로 사용하기 때문에 정신분석가들의 발명품처럼 여기는 경향이 있지만, 사실 이 용어는 긴 역사를 갖고 있다.[4] 용어 자체는 고대 그리스에서 기원했으며 '자궁 문제'에서 기인한다고 여겨졌던 여러 신체적인 문제들을 포괄하는 의미로 사용됐다. 그러다 18세기 말에 이르러서야 자궁의 문제라기보다 "신경 시스템의 고장" 문제이며,[5] 이에 따라 남성에게도 히스테리아가 있을 수 있다는 점이 받아들여지기 시작했다.

당시 프랑스의 의사 프랑수아 드 라크루아François de Lacroix는 히스테리아가 '정서적 불안정성'과 유사하다고 기술했고, 히스

테리아 환자는 '감정적으로 상처받기 쉽고, 갑자기 (정서) 상태
가 변하'는 경향이 있다고 말했다.[6] 또한 비록 남성에게서도 히
스테리아가 발생할 수 있다는 점을 인정하기는 했지만 의사들
은 대체로 그런 경우는 드물다고 봤다. 여전히 히스테리아는
'여성적인 병'이었으며(어원이 '자궁'이지 않은가), 사회가 여성을
받아들이는 방식이 변함에 따라 히스테리아의 진단법과 치료
법도 함께 달라졌다.

　　19세기에 접어들어, 초기 정신분석 및 신경의학의 발달과
함께 히스테리아는 의학적으로도 대중적으로도 많은 관심을
받게 되었다. 앞서 말했듯 히스테리아는 '정서적 불안정성'을
동반한다고 널리 알려졌는데, 자해하는 사람이 정서적인 불안
정성을 보이는 경우가 많아서였는지 이들을 히스테리아로 진
단하는 경향이 나타났다. 문제는 "히스테리아 환자는 관심과 동
정을 매우 좋아한다"는 편견도 함께 받아들여졌다는 점이다.

　　누구나 어느 정도는 관심받기를 좋아하므로 이러한 표현
이 그 자체로서는 특별히 문제는 아니라고 생각할 수도 있다.
그러나 의료진들이 경멸조로 히스테리아 환자의 특징을 '관심
을 좋아한다'고 서술하며, 그들이 관심을 위해 사람을 '조종한

다고 manipulate' 표현하는 경우가 많은 것은 확실히 문제였다.

미국 국립 의학 도서관에 보관되어 있는 1878년 사례를 한 번 살펴보자. 헬렌 밀러 Helen Miller라는 한 여성 환자에 관한 기록으로, 의료진의 구체적인 처치보다는 환자의 증상 위주로 기재되어 있는데 의료진이 밀러를 관찰하고 쓴 내용이 아주 흥미롭다.

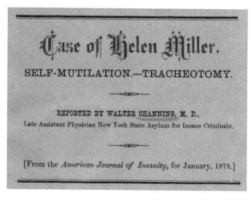

[그림 1] 헬렌 밀러 사례 보고서의 표지

헬렌 밀러는 1875년 뉴욕주립치료감호소 New York State Asylum for Insane Criminals에 입원한 여성으로, 당시 30세였다. 의료진의 기록에 따르면 그녀는 가끔 매우 기쁘게 웃긴 했지만 그때 외에는 대부분 짜증을 냈으며 화가 나 있었다. 밀러는 입원 직후부터 '미래에 희망이 없다', '형량이 너무 긴 것 같다'며 우울감을 드러냈고, 팔에 유리조각, 못, 바늘 등을 찔러 넣는 자해 행동을 보였다. 당시 의료진은 밀러가 자해를 하지 못하도록 뾰족하거나 유리로 된 물건의 사용을 금지했으며, 거의 대부분의 시간 동안 밀러를 감시했다. 그러나 병동의 다른 환자에게서 몰래 뾰족한 물건을 전달받거나 자신의 입, 심지어는 성기 속에 자해 도구를 숨겨가며 의료진의 눈을 피해 자해했다. 당시 의료진이 밀러를 묘사한 방식은 대체로 이런 식이었다.

그녀(밀러)가 가장 행복해할 때는 (…) 그녀가 외과적 흥미의 대상이 되었을 때였다. 그녀는 외과의들의 관심을 한 몸에 받는다는 것에 특별한 자부심을 가졌다.

의료진은 다음과 같은 일화를 기록하기도 했다.

그녀는 며칠 간 음식을 거부했으나, 어떠한 관심도 주지 않자 다시 음식을 섭취했다.

밀러에 대한 케이스 보고는 이렇게 마무리된다.

이 증례의 경우에는 언제나 히스테리컬한 요소가 있었다. 상처는 언제나 최대한 넓은 부위의 표피에 만들어졌으며, 의복은 불필요할 만큼 피에 젖어 있었고, 확실하게 의료진의 도움을 받을 수 있는 시간에만 자해가 이루어졌다. 이 모든 것은 최대한의 효과를 볼 수 있도록 수행됐다.

만약 헬렌 밀러 본인이 이 증례 보고서를 읽었다면 어땠을까? 자신의 증상이 관심을 끌기 위한 시도라는 듯, 그 부분만 유독 세심하게 기술한 의료진에게 서운함이나 분노를 느끼지는 않았을까? 만일 내가 밀러였다면 나름대로 감사하며 진심으로 대했던 의료진이(진료 기록에는 밀러가 의료진에게 감사를 표했다는 말이 여러 차례 등장한다) 자신을 이런 방식으로 생각하고 있었음을 알게 된다면 수치심을 느꼈을 것 같다.

경멸과 수치스러움 사이

오늘날 수많은 자해 당사자들은 "쟤네 관심 받고 싶어서 저래",

"관종이야"라는 식의 편견 어린 경멸조의 시선을 익히 알고 있으며, 그로 인해 관심을 원하는 스스로를 더욱 싫어하거나 수치스러움을 느끼기도 한다.

이 책을 쓰기 위해 나는 과거에 자해를 경험했거나 현재 하고 있는 사람들과 인터뷰를 했는데, 인터뷰에 응한 사람 다수가 '관심을 원해서 자해한다'는 대중적인 편견을 가장 '신경 쓰이는' 반응으로 꼽았다. 현재 작가로 활동중인 26세 〈한〉은 이렇게 말했다.

"관종 아냐?" "쟤네 관심 받고 싶어서 저러는 거잖아. 중2병이잖아." 이런 말들이 가장 신경 쓰였어요. 그런 말을 들으면, 한편으로는 내가 진짜 그러고 싶어서 자해를 했나? 하고 스스로 의심이 들기도 했고요. 관심을 원해서 자해를 한다… 그런데 사람이 그럴 수도 있는 거잖아요. 설령 진짜로 관심을 원해서 자해를 했다고 해도, 그 사람이 어떤 환경에 처해 있는지 알지 못하면서 함부로 그런 말을 해서는 안 된다고 생각해요.

그런데 다른 사람의 회복과 치유, 성장을 돕는 일이 얼마나 많은 모순을 동반하는지 지켜볼 수밖에 없는 직업을 가진 사람으로서, 헬렌 밀러를 치료한 의료진의 관점과 치료 방식이 일부 이해가 되기는 한다. 예를 들어 어린 아이가 양육자(주로 부모)의 관심을 끌고자 떼를 쓰거나 욕을 하거나 물건을 부수는 등의 부적절한 행동을 보인다고 해보자. 만약 그 행동의 원인이 부모의 관심을 끌기 위해서라는 것이 확실하기만 하다면, 부모는 그 아이가 떼를 쓸 때 관심을 주지 않는 것이 옳다고 생각할 것이다.

이러한 판단은 행동주의에서 말하는 '소거extinction' 원리에 기반한 것이다. 쉽게 말해, 어떤 행동(떼를 쓰는 행동)에 강화물(부모의 관심)이 주어지면 그 행동이 발생할 확률이 올라가므로, 강화물을 주지 않음으로써(떼를 썼을 때 관심을 주지 않음으로써) '떼쓰기 → 부모의 관심'이라는 관계를 없앤다는 원리다.

소거는 가장 간단한 행동 원리지만 역사적으로 언제나 큰 효능을 보였다. 같은 원칙을 헬렌 밀러와 그의 의료진에게도 적용한다면, 예를 들어 밀러가 식사를 거부하는 일이 확실히 관심을 끌고자 하는 의도에서 기인한 행동이라면 그녀에게 관심을 주지 않은 것은 올바른 처방일 수 있다.

그러나 이런 '관심 금지'보다 더 중요한 원칙이 있다. 절대로 무언가를 '주지 않는' 데서 끝나서는 안 된다는 것이다. 이 개입이 효과를 보고 진정한 의미를 얻으려면, 평소에 그리고 아이가 바람직한 행동을 했을 때 적절한 방식으로 애정과 관심을 주어야 한다는 조건이 '반드시' 함께 붙어야 한다. 어린아이는 생존을 위해 양육자의 관심과 애정을 필요로 하며, 그것이 부재하거나 현저히 부족할 때 다소 부적절한 방법을 사용해서라도 관심과 애정을 구하고자 한다. 이는 청소년이나 성인도 마찬가지다.

즉 문제는 당시 의료진들이 밀러나 당대의 히스테리아 환자에게 관심을 끄는 일이 그토록 중요한 이유가 무엇인지에는 상대적으로 관심이 적었다는 데 있다. 오늘날 자해가 관심을 끌기 위한 시도라는 설명도 마찬가지다. 앞서 다루었듯, 자해는 관심을 끌기 위한 시도일 수도 있지만 많은 경우는 그렇지 않다. 만약 관심을 끌기 위해서 자해를 한다고 해도 그것은 수치스러워할 일이 아니며 비난받아 마땅한 일도 아니다. 주변의 누군가가 그런 의도로 자해를 하고 있다면, 그것은 그 사람에게 그만 관심을 꺼야 한다는 신호가 아니라 다른 방식의 관계나 관심이 필요하다는 신호일 수 있다.

자해인가, 남성성의 표출인가

19세기 말 여성의 자해를 히스테리아라는 맥락에서 해석했다면, 남성의 자해는 어떻게 바라봤을까? 앞서 남성은 실리적인 이유 때문에 자해한다는 설명이 붙는 경우가 있다고 했는데, 그와 다르게 받아들여지기도 했다. 새라 채니에 따르면, 20세기 들어 자해가 스스로를 '긋는(흔히 말하는 손목 자해)' 행동으로 여겨졌던 것처럼, 19세기의 마지막 10년 동안에는 자해를 '자기 거세'라는 패러다임으로 이해했다고 한다. 자신의 과도한 성욕을 처벌하거나 과도한 성욕으로 인해 나타날 수 있는 부작용을 없애기 위해 자기 거세를 하는 남성이 다수 발견됐다는 것이다.

과도한 성욕 때문에 자기 거세를 할 수밖에 없었던 이유는 당시 사회 분위기와 관련이 있다. 슈테판 츠바이크Stefan Zweig가 《어제의 세계》에서 회고하듯, 19세기 말은 "성욕의 존재와 그 자연적 결과를 남몰래 전제하고 있으면서 다른 한편으로는 그것을 공개적으로는 단호하게 인정하려 하지 않던" 시대, "성생활은 금지되지는 않았지만 아무도 그것을 드러내어 말하지도 못했던" 시대였다. 성욕이 존재한다는 것을 모두 알고 있었지만 감히 대낮에 공공장소에서 말할 수 없는 것이라고 금기시했을 뿐 아니라 그것을 떠올리게 하는 모든 일이 억압받았다. 특히 빅토리아 시대 영국은 성 풍조에 있어서는 가장 억압적이기로 유명했는데, 도덕주의가 사회 전체에 강한 영향을 미치면서 남성이든 여성이든 성적 욕망은 겉으로 드러내지 않는 것이 미덕이었다.

이 시기 사람들이 남성의 자위를 바라보는 시각은 21세기에 사는 우리가 보기에는 낯설고도 기이하다. 18세기 후반 스위스의 한 의사가 자위로 인한 정액 손실이 혈액 손실과 맞먹는 손상을 유발한다고 주장함에 따라 자위가 의학적으로 위험한 행동이라는 인식이 유럽을 중심으로 퍼져나갔으며, 19세기 의학 전문가들은 자위를 막기 위해 신체적인 속박 도구를 사용하거나 심지어 거세를 권하기도 했다. 이러한 맥락에서 남성의 자기 거세 시도는 자신의 성욕, 특히 자위와 관련된 욕구를 적절히 조절하지 못하는 사람이 건강 문제를 해결하기 위한 것으로 받아들여졌다.

만약 이 시기 남성의 자해 방법이 성기와 관련이 없는 경우에는 흔히 '꾀병'이라고, 그러니까 고의로 외과적 상처를 냄으로써 보험금을 타내려 한다거나 자신이 해야 할 일이나 병역의 의무 등을 피하려 한다고 해석되기도 했다. 물론 정말 그런 이유로 큰맘 먹고 자신의 신체를 훼손하는 사람도 있었을 것이다. 그러나 남성의 '자해'에 관해서는 유달리 '심리적인 이유'라는 해석이 붙지 않았다.

오늘날에도 남성의 자해는 '자해 행동'으로 곧바로 해석되지 않는 경우가 많다. 실제로 많은 사람이 으레 자해는 '여자아이들이 하는 것'이라고 생각한다. 그러나 자해 발생 비율에 관한 연구들을 살펴보면 비록 여러 연구들을 통합한 메타 연구에서는 여성 집단에서의 발생률이 다소 높다고 밝히기는 하지만 성별차가 크지 않았다.[7] 도리어 이러한 편견 때문에 남성이 보이는 자해 행동은 다른 것으로 해석되어 마땅히 받아야 할 임상적인 관심을 받지 못하게 되는 경우도 있다.

예를 들어 어떤 남자 청소년이 크게 화가 나서 손으로 유리창을 깨부수었다고 하자. 많은 경우 사람들은 이것을 그저 격렬한 감정을 표현하는 것이지 자해라고는 생각하지 않는다. 물론 어쩌다 한 번 분노해서 이런 일을 하기도 하며, 그런 행동을 자해라고 부르기는 어렵다. 그러나 화가 났을 때 반복적으로 벽이나 책상, 유리 등을 친다면 이 행동을 자해로 볼 것인지 아닌지는 반드시 짚고 넘어가야 한다. 그러나 사회는 이런 식의 '분노 표현'을 '남성성의 표출'로 여긴다.

그래서인지 오늘날 남자 청소년들은 벽에 머리를 부딪거나 외부 물체를 주먹으로 치는 등의 방법을 자해 수단으로 선택하는 일이 많다. 분노는 겉으로 표현해도 남성성을 해친다고 여겨지지 않는 몇 안 되는 감정 중 하나이기 때문이다. 그러나 이로 인해 그 분노 아래에 잠재된, 어쩌면 더 중요할 수도 있는 슬픔과 우울감, 불안함 같은 다른 정서들이 간과되기 쉽다.

남성에게도 상처받기 쉬운 감정과 연약한 영혼이 있을 수 있다는 사실은 남성들 본인조차도 인정하기 싫어한다. 사람들은 남자가 약한 모습을 드러낼 때 그가 '남자답지 못하다'고 여기며 남성들 스스로는 감정을 드러내는 것이 남에게 얕보일 만한 일, 남자답지 못한 일, 심지어는 '여자 같은 일'이라고 느낀다. 하지만 남성 또한 이러한 통념 때문에 고통받는다는 점에서 마냥 비웃을 문제만은 아니다.

정신분석과 자해

정신분석이 정신의학의 중심이었던 20세기 초중반에 이르러 좀 더 많은 의사들이 자해 행동에 정신분석적 해석과 처방을 내놓았다. 세계대전을 목격한 프로이트는 '죽음 충동[death drive]'이라는 개념을 내놓았는데, 이는 인간의 정신에 내재한 스스로를 해치고자 하는 본능이다. 이 개념은 우리가 자해와 자살 행동을 조금 더 깊이 이해하도록 하는 데 기여했고, 바로 이 시기에 현대의 연구자들이 자해를 보는 시각과 유사한 관점들이 등장했다.

예를 들어 자살 및 자해 연구의 선구자 카를 메닝어[Karl Menninger]는 자신의 1938년 저서 《스스로를 배반하는 남자[Man Against Himself]》에서 자해를 '죽음 충동'과 관련 지어 설명하면서 일종의

'국소 자살focal suicide'이라고 일컬었다. 바꿔 말하면 사람들은 실제로 자살하는, 즉 죽음 충동이 실현되는 일을 막기 위해 몸의 일부를 죽이는 행동인 자해를 한다는 것이다.

이는 자해 행동을 자살 시도와 개념적으로 구분한다는 데서 의의가 있다. 또 자신에게 상해를 입히는 표면적 행동이 사실은 계속 살아가기 위한 행동일 수 있다는 해석은 자해가 많은 부분 고통스러운 정서를 조절하기 위한 수단이라는 현대적인 이해와 일맥상통한다.

다만 초기 정신분석가들이 고수했던 성적 추동sexual drive의 관점, 즉 무의식을 움직이는 주된 동력이 사회적으로 억압된 성적인 욕구라는 관점을 자해와 연결 지어 문자 그대로 해석하게 되면, 오늘날의 관점에서는 다소 고개를 갸웃거리게 된다.

성적 추동의 관점에서 본 자해

메닝어는 《스스로를 배반하는 남자》에서 심한 뚜렛장애를 앓고 있는 것으로 추정되는 35세 남성 정비공 사례를 소개하는데 그는 환자의 운동 틱*이, 많은 경우 스스로를 때리거나 발로 차는 등 신체에 손상을 일으킬 가능성이 높다는 점에 주목한다. 사례를 분석하던 메닝어는 정비공의 이러한 자기 공격적 틱에 성적인 이유가 숨어 있다고 해석하기에 이른다. 이 정비공은 과거 가족에게서 분리되어 성매매 여성과 살았던 적이 있는데 그의 틱은 이러한 성적 방종에 자기처벌을 가하는 의미라는 것이다.

정신분석이 자해와 성적인 동기를 연결한 것은 여성의 자해를 해석할 때도 마찬가지였다. 당시 자해 문제를 보였던 여성의 사례를 다룬 글들을 자세히 읽다 보면, (아동기) 트라우마에 관해서 많은 것을 알게 된 현대의 임상가의 입장에서는 아쉽고 안타까운 부분이 눈에 띄며, 가끔은 치료진의 부당한 처사에 분노하게 되기도 한다.

심리적 외상 분야의 거장인 주디스 허먼[Judith Herman]이 자신의 책 《트라우마》에서 지적했듯, 프로이트는 적어도 자신의 임상 커리어 초반에는 당시 사회에 만연해 있지만 모두가 침묵하던 수많은 아동기 성폭력을 목격하고, 이를 공감적인 태도로 경청하며 때로는 대신 증언한 사람이었다. 처음에 프로이트는 '성

---

* 갑작스럽고, 빠르고, 반복적이고, 불규칙적인 근육운동이나 소리를 일컫는다. 여러 개의 운동 틱과 하나 이상의 음성 틱이 1년 이상 지속될 경우 뚜렛장애라고 부른다.

적인 신경증이 히스테리아의 근간에 존재한다는 예상'을 하지 못했고 환자들의 증상에서 성적인 근원을 발견했을 때는 환자 본인과 마찬가지로 이를 일종의 모욕이라고 느꼈으며, 환자들의 아동기 경험을 들으면서 히스테리아의 근원이 "하나 또는 그 이상의 지나치게 이른 성적 경험"이라고 설명하기에 이른다. 이에 대해 주디스 허먼은 "히스테리아의 근원에 있는 아동기 성착취에 관한 프로이트의 발견은 사회적 신념의 한계를 넘어서는 것"이었다고 평가한다.

그러나 시간이 흐르면서 프로이트와 정신분석가들은 실재했던 여성 억압이나 성폭력을 사회적인 문제로 받아들이고 해석하는 대신 (성적) 욕구나 공상, 환상의 영역 같은 환자들의 심리적인 면에 집중했다. 당시 히스테리아가 얼마나 흔하게 진단되는 질병이었는지를 감안한다면, 그 원인을 "지나치게 빠른 성적 경험"이라고 해석하는 일은 스스로의 입지를 꽤나 위태롭게 만드는 시도였을 것이다.

게다가 그때는 이러한 급진적 이론을 뒷받침할 만한 정치적·사회적 자원이 부족했으므로 프로이트는 이른 성적 경험이 실제 있었던 일이 아니라 정신적 사건이었다는 쪽에 방점을 두고 자신의 이론을 전개했다. 따라서 당시 임상가들도 "성적 관계가 실제로 발생하는 착취적인 사회적 맥락"보다는 환자들의 내면세계에서 일어나는 일에 집중했다. 이후 발달한 정신분석 이론은 다분히 여성의 현실을 반영하지 못했으며 심지어 많은 부분 여성혐오적이라는 비판을 피하기 어려운데, 이와 관련해서 20세기 초반 반복적 자해로 입원치료를 받았던 한 여성의 사례를 살펴보자.

자해는 상징적 자위?

1912년 보스턴 정신병원에 입원했던 호노라 다우니^{Honora Downey}는 왼팔을 여러 차례 칼로 긋는 자해를 했으며, 입원 시 자신이 지난 3년간 적어도 30회 이상 자해했다고 말했다.[8] 트라우마 치료자의 관점에서 다우니는 이른 아동기부터 성적 · 신체적 폭력을 비롯한 여러 차례의 심리적 외상을 경험한 외상 생존자다. 예를 들어 다우니가 처음 자해한 것은 자신의 형제가 성관계를 요구했을 때였는데, 다우니는 그를 위협해서 쫓아내기 위해 자해를 했고 형제는 피를 보자 도망갔다. 그 외에도 많은 남자 형제나 친척이 다우니에게 성관계나 성적 신체 접촉을 요구했으며, 부모 모두 그녀와 형제들에게 신체적 폭력을 가했다.

다우니를 상담하고 이에 대한 기록을 남긴 사람은 당시 유럽에서 확산되고 있던 정신분석을 상당히 일찍 받아들인 미국 심리학자 루빌 유진 에머슨Louville Eugene Emerson이다. 병원에 입원한 다우니는 당시 상담자였던 에머슨에게 "누구도 내가 나 스스로를 경멸하는 만큼 나를 경멸할 수는 없을 것"이라고 말했으며 병원에 입원해서도 여러 번 자해를 했다.

3장에서 좀 더 설명하겠지만, 아동기 심리적 외상은 추후 자기 정체감과 정서 조절 능력 발달에 중대한 영향을 미치며, 자해 당사자 중 많은 사람이 아동기에 심리적 외상을 겪었다고 이야기한다. 다만 심리적 외상이 인간의 정서 발달에 미치는 영향이라는 커다란 주제가 본격적으로 연구되는 것은 20세기 후반으로, 당시 에머슨 역시 다우니가 자해하는 이유에 관해 정신분석적 관점에서 성적 트라우마를 거론하기는 했지만 그녀의 성욕과 자위, 성욕에 대한 죄책감 그리고 마조히즘도 함께 언급했다.

다우니를 치료했던 의사의 행동은 더욱 놀랍고 분노할 만한데, 브릭스라는 이 의사는 치료를 핑계로 다우니의 가슴이나 성기를 만지거나 다우니에게 자신의 성기를 만지도록 했다. 다우니는 자신을 강간하려 한 삼촌보다도 의사의 이러한 행동에 더욱 상처받았다. 에머슨도 동료 의사의 행동을 "끔찍하다"고 여겼지만 그렇다고 동료를 완전히 막지는 못했던 듯하며, 심지어 다우니에 관해 아동기 성적 트라우마로 인해 "성욕이 이상 발달"했고 "자해는 상징적 자위"라고 분석했다.

다만 메닝어의 분석에도 시대를 앞서는 날카로운 통찰이 존재했듯, 에머슨의 분석에도 주목할 만한 부분이 있다. 예를 들어 에머슨은 그녀의 증상들이 많은 부분 아동기 트라우마에서 기인했음을 인식하고 있었으며, 자해에 관해서 "환자는 (자해 당시) 신체적 고통은 느끼지 못했으며, 오히려 정신적 고통을 참기 어려워했고 (…) 삶에 강한 의지를 보였다"는 기록을 남겼다. 이러한 기록은 사람들이 자해를 하는 근본적인 이유인 정서적 고통 조절에 대한 통찰을 준다. 다행히 다우니는 치료를 받은 뒤 꽤 많이 호전된 것으로 보이는데, 에머슨의 기록에 따르면 기록 시점에 다우니가 1년 이상 자해를 하지 않았다고 한다.

얌전한 자해 신드롬

고등학교 때 독일어 선생님이 주었던 팁 하나는 사전을 찾아봐도 단어가 정확히 어떤 것을 가리키는지 잘 모르겠을 땐 검색엔진에서 이미지 검색을 해보라는 것이었다. 예를 들어 '만화경 kaleidoscope' 같은 단어가 등장했을 땐 '거울로 된 통에 형형색색의 유리구슬, 종잇조각 등을 넣어 아름다운 무늬를 볼 수 있도록 만든 장치'라는 사전의 설명보다 만화경이 어떻게 생겼고 만화경을 들여다볼 때 어떤 무늬가 생기는지 직접 보는 것이 더 유용하다면서. 이런 팁은 어떤 단어가 무슨 뜻인지 모를 때뿐 아니라 다양한 의미와 맥락을 지니는 특정 단어를 사람들이 주로 어떻게 사용하고 있는지 알아볼 때도 적용할 수 있다.

그런 의미에서 구글에 한국어, 영어, 독일어, 중국어로 '자해'를 검색했을 때 한결같이 가로로 자상을 낸 손목 이미지가 가장 많이 등장한다는 것은 흥미롭다. 전 세계를 통틀어 자해를 대표하는 이미지는 단연 손목 자해인데, 사정이 이러하니 2000년대 초반에 나를 포함해 자해를 하던 친구 중 대다수가 손목 자해를 했다는 것은 어쩌면 당연한 일처럼 보인다(연구에 따르면[9] 자해를 하는 사람은 평균적으로 세 가지 정도의 자해 방법을 사용하며, 손목을 긋는 것 외에도 상처가 날 때까지 몸을 긁거나 자신의 몸을 때리고 스스로 화상을 입는 자해 방법도 상위권을 차지한다).

그렇지만 나는 대다수가 비슷한 자해 방법을 택하고 있다는 사실에 약간의 불편함을 느꼈다. 아마도 자해 방식이 같다는 것이 친구 따라 강남 가듯 누군가는 남들을 따라서 유행처럼 자해를 한다는 것을 뒷받침하는 근거가 될까 봐, 궁극적으로는 자해 당사자의 정서적 고통이 무시당할까 봐 두려웠던 것 같다.

젊고 똑똑하지만 미숙한 젊은 여성들

여러 의견들을 종합해보았을 때, 자해의 대표 이미지가 리스트 컷이 된 시점은 1960년대인 것으로 보인다. 이 시기 미국 동부에서 정신분석 훈련을 받은 일부 정신과 의사들이 손목을 긋는 자해 행동으로 입원한 젊은 여성들에게 임상적 관심을 기울였으며, 이들의 행동에 '얌전한 자해 신드롬delicate self-cutting syndrome'이라는 이름을 붙였다. 1950년대 말에서 1960년대 초까지만 해도 미국에서 손목 자해는 그렇게 두드러지는 현상은 아니었던 것으로 보인다. 1959년 미국의 한 주립병원에서 실시한 연구에서는 "여성의 경우, 피부를 긁거나 꼬집거나 피가 날 때까지 후벼 파는 경우가 많았으며 몇몇은 핀이나 바늘 같은 뾰족한 물체를 삼키는 방식의 자해를 했고 (⋯) 남성은 자신의 머리나 가슴, 얼굴 등을 세게 치거나, 몸이나 눈에 멍이 들게 하는 방법을 주로 사용"했다고 나와 있다.[10] 1960년대 후반이 되었을 때, 젊은 여성들 사이에서 실제로 리스트 커팅이 급증했는지, 만약 그렇다면 여기에 영향을 준 요인이 무엇이었는지는 불명확하다. 확실한 것은 일군의 의사 집단이 이 사실에 큰 관심을 기울였으며, 그들은 서로 논문을 인용하며 이것을 두드러진, 어떤 '전형적인' 임상 사례인 것처럼 부각시켰다는 점이다. 이 주제를 다룬 초창기 논문 중 하나인 〈손목 자해 신드롬The Wrist Cutting Syndrome〉은 다음과 같은 구절로 시작한다.

오늘날 병원마다 손목을 그어 자살을 시도한 환자들이 밀려들고 있다. (…) 손목 자해 환자들은 유년기 모성 박탈에서 기인한 공통된 행동 패턴을 보였으며, 의미 있는 언어적 의사소통을 주고받을 만한 능력이 없는 상태였다.

이 의사들은 환자를 커터^{cutter}(손목을 긋는 사람)라고 지칭했고 전형적인 커터의 특징을 이렇게 기술했다.

전형적인 '커터'는 매력적인 젊은 여성으로 평균 23세이며 보통은 상당히 지적이다. 절반 이상이 대학에 다녔다. 4분의 3이 결혼 적령기임에도 미혼이었다. (…) 그들의 행동 양상은 놀라울 정도로 유사했다. 그들은 연령이 증가할수록 알코올이나 약물을 많이 사용했다. (…) 모든 연구 대상자가 대인관계에서 많은 문제를 경험했으며 자신을 "아웃사이더", "이방인", "사람보다는 동물과 더 잘 어울리는 외로운 늑대"로 묘사했다.[11]

또 다른 논문에서는 커터의 특징을 이렇게 설명한다.

환자들은 서로 상당히 비슷하다. 그들은 대체로 젊고 매력적이고 똑똑하며 심지어 재능이 있고 겉으로 봤을 때는 사회적으로 적절하게 행동하는 것처럼 보인다. (…) 그들의 인생은 사랑을 찾고자 하는 길고 외로운 여정이다. 이 여정에서 그들은 자신이 속해 있지 않은 소수자 집단의 일원이 되고자 하거나 마약, LSD, 술의 도움을 받아 동성애 또는 이성애적인 연애 사건을 통해 사랑을 찾고자 했다. 입원은 흔히 실패, 실망이나 상실의 결과로 일어났다.[12]

그러니까 당시 의사들이 보기에 젊고 매력적이고 똑똑하지만 대인관계에서 미숙함을 보이며 약물 의존 문제가 있고 손목에는 자해를 하는, 서로 '놀랍도록' 비슷해보이는 젊은 여성들이 정신과 병동에 입원하는 일이 갑자기 늘어났다는 것이다. 마치 1990년대에 그러했듯, 이 여성들에게 실제로 영향을 주었을 법한 사회·문화적인 요소가 있었을까? 예를 들어 두 번째 논문에서 언뜻 암시된 것처럼, 1960년대의 시대적 분위기(비트 세대의 예술가들이나 보헤미안적인 감수성)의 영향을 받았기 때문에 이러한 행동을 보이게 된 것일까? 현재 시점에서 함부로 단언하기는 어렵다. 그러나 진짜 이유가 무엇이든 간에, 공통점을 지닌 듯한 여러 환자를 만난 의사들은 마치 매료된 듯 이에 관해 논문을 내놓았고 심포지엄을 개최했다.

문제는 이 '리스트 커팅 신드롬'을 다룬 소위 '고전적 논문' 중 13편이 모두 단 4곳의 병원에서, 특정 의견을 공유하는 의사들이 생산했다는 점이다. 그러니 혹시 편향이 있지는 않을지 의심할 수밖에 없다.[13] 또한 그들은 남성 자해자는 연구에서 아예 배제시키거나 자해 정도가 심했던 여성은 분석하지 않음으로써 확증편향적인 방식으로 자신들의 주장을 정립했다.

얌전한 자해와 커터라는 정체성의 개발

이 일련의 활동에는 몇 가지 문제가 더 있었는데 바로 '얌전한 자해'라는 표현 그리고 '커터'라는 정체성의 개발이다. 처음 '얌전한 자해'라는 용어를 제안한 중국 출신의 미국 의사이자 정신분석가 핑 니에 파오Ping-Nie Pao는 이들의 손목 자해가 여타의 자해와는 다른 성질을 가진 별도의 증후군이라고 주장했으며, 자살할 의도가 없이 피상적인 상처만을 낸다는 의미에서 '얌전한'이라는 표현을 사용했다. 이 의사들이 의도했든 의도하지 않았든 '자살 의도가 없다'는 데 방점이 찍히면서 여성의 리스트 커팅 자해가 '위험하지 않다'는 의미처럼 받아들여지기도 했다. 이런 암묵적 시선은 '관심을 끌기 위한 자해'라는 기존의 고정관념과 결합되면서 마침내 '자해러는 진짜로 죽을 의도는 없으면서 주의를 끌기 위한 의도로 손목에 피상적인 상처를 내는' 사람이라는 환상을 만들어내기에 이른다.

어떤 사람들이 하는 특정 행동을 그저 분석하는 것과, 그들이 지닌 서로 다른 특징을 함께 나열하고 '어떤 행동을 하는 사람들'이라고 부르며 '그들은 대체로 이렇다'고 규정하는 것은 분명히 다르다. 이 환자들을 따로 커터라고 지칭할 만한 과학적이고 임상적인 근거가 실제로 존재하는지와는 별개로, 이 의사들은 '서로 놀랍도록 비슷하다'고 지적했던 일련의 이미지들을 그러모아 '커터'라고 부름으로써 전형적인 '커터 캐릭터', 즉 매력적이고 똑똑하지만 대인관계에 문제가 있고 애정결핍이며 약물에 의존하기 쉬운, 주로 젊은 백인인 여성 이미지를 만들어냈다. 이렇게 생겨난 자해러의 대표적인 이미지는 후일 1990년대 대중매체에서 반복적으로 묘사되면서 전형으로서 입지를 굳힌다.

아름답고 슬프고 성나고 자유로운

자해의 사회적·문화적 맥락에 관한 책《자해 이해하기[Making Sense of Self-harm]》를 쓴 피터 스테걸스[Peter Steggals]는 1990년대에 자해가 "갑자기 여기저기서 생겨난 것처럼 보였다"고 회고했다. 이 시기에 다이애나 영국 왕세자비, 조니 뎁과 같은 유명인이 자신의 정신적인 문제와 자해 사실을 고백했고, 매닉 스트리트 프리처스의 기타리스트 리치 에드워즈[Richey Edwards]는 인터뷰 도중에 칼로 자신의 팔을 자해하기도 했다. 작가 서맨사 엘리스[Samantha Ellis]는 이 시기를 떠올리며 이렇게 말했다.

(…) 같은 해에 수재너 케이슨[Susanna Kaysen]의《처음 만나는 자유

Girl, Interrupted》가 나왔고, 1994년에는 엘리자베스 워첼^{Elizabeth}

Wurtzel의 《프로작 네이션^{Prozac Nation}》이 출간됐다. (…) 이들은 공

주가 왕관을 쓰듯 고통을 몸에 둘렀다. 그들은 아름답고 슬프고

성나고 또 자유로웠다. 누가 그들처럼 되고 싶지 않겠는가?

그랬다. 희한하게도 그들에게는 동경하고 마음이 동할 만

한 어떤 부분이 있었으며, 특히 청소년과 젊은이 들에게 영향을

미쳤다. 멜랑콜리와 음울함, 죽음이나 자기 파괴를 친구 삼는

사람들에게는 어떤 특별한 감수성이 있었으며, 질병이 그들을

더욱 매력적인 사람으로 만들어주는 경향은 낭만주의 이후 지

속된 전통이었다.

1990년대는 많은 사람이 다시금 '자기 파괴의 낭만'에 매

료되어 있던 시기였으며, 스스로 그런 감수성의 한가운데로 뛰

어들어가던 시기이기도 했다. 정서적 고통을 솔직하게 호소하

는 록 음악, 영화 〈처음 만나는 자유〉나 드라마 〈베벌리힐스의

아이들〉에서 묘사되고는 하던, 자해하는 아름다운 금발 소녀의

이미지 같은 것들이 모두 합쳐져 만들어냈던 감수성이 이 시기

의 자해를 이해하는 데 중요한 요소다.

다이애나 왕세자비와 서브컬처

귀족이나 왕족답지 않은 선량한 모습과 공감 능력, 선행 그리고 아름다운 외모로 팝스타만큼 전 세계적인 인기를 누렸던 다이애나 왕세자비는 자서전과 텔레비전 인터뷰에서 결혼 뒤 자신이 오랜 기간 우울했고, 체중과 관련된 스트레스 및 거식·폭식 문제에 시달렸으며, 여러 차례 자해했다는 사실을 밝힌다. 그의 고백은 많은 사람에게 충격을 주었으며 엄숙함과 권위, 전통을 강조하는 영국 왕실의 누군가가 자신의 내면세계를 이토록 솔직하게 고백했다는 것에 많은 사람들이 놀라워했고, 그녀에게 공감과 연민을 느꼈다. 이후 다이애나는 남몰래 비슷한 문제를 겪고 있던 사람들, 특히 여성들이 감정이입할 수 있는 존재가 됐다.

자해와 1990년대를 이야기할 때 '4REAL' 사건도 빼놓을 수 없다. 거칠게 요약하자면 이 사건은 록 밴드 매닉 스트리트 프리처스에게 한 인터뷰어가 '당신들의 음악에 진정성이라는 게 있느냐'는 투의 질문을 하자 기타리스트 리치 에드워즈가 칼로 팔에 '4REAL'이라는 글자를 새긴 일이다. 대다수의 사람들이 이를 보고 경악한 반면 이 밴드의 팬들은 그의 '진정성'에 감

동반았고, 그중 일부는 자신의 팔에 칼로 4REAL을 새기기도
했다.

1990년대 록 문화, 그중 어둡고 우울한 정서가 가장 짙게
나타나는 서브컬처인 이모^{emo}, 고스^{goth} 등은 자해와 깊은 관련
을 맺으며 발달했다. 적어도 2000년대 초반까지 많은 사람에게
영향을 미쳤던 이들 서브컬처 집단은 고통, 죽음, 우울, 부식^{腐蝕},
허무, 외로움과 같이 우울과 관련된 정서를 공통분모로 삼았는
데, 이런 정서들을 중심으로 교류를 하다 보니 자연스럽게 이들
집단 내부에서는 우울증이나 정신건강 문제에 대한 사회적 낙
인이 덜했다. 또한 그들 중 일부는 우울증이나 자해를 일종의
정서적인 깊이를 드러내는 표식이나 아웃사이더 정체성의 선
언으로 여기기도 했다. 그렇다 보니 이 집단의 진정한 일원이
되고 같은 정서를 공유하기 위해 자해를 시작한 사람이 생겨나
기도 했다.

처음 만나는 자유

그리고 중요한 요소가 하나 더 있다. 1990년대 초에는 과거에
정신과에 입원한 경험이 있던 사람들이 줄줄이 회고록을 출간

했으며, 자해를 다룬 대중 서적이 베스트셀러에 오르기도 했다. 유명인들이 자신의 자해 사실을 대중 앞에서 고백한 것도 자해 논의가 대중화하는 것에 영향을 미쳤다. 그 전까지 자해가 병원과 논문을 중심으로 다뤄졌다면 이제는 대중문화의 맥락에서 조명되기 시작한 것이다.

이들은 자해가 '심한 정신적 고통'을 달래기 위한 방편이며, 자해를 하는 사람이 '제정신이 아니거나' '완전히 미친' 것이 아니라고 대중에게 호소했다. 1990년대에 나왔던 관련 도서 중 오늘날까지 명성이 이어지고 있는 책은 수재너 케이슨의 《처음 만나는 자유》다. 1993년에 출간된 이 책은 1999년 안젤리나 졸리와 위노나 라이더가 주연한 영화로도 만들어졌다. 정신과 병원에 입원한 젊은 여성들의 이상하고 아름다우며 위험한 우정과 성장을 그린 이 영화는 오늘날까지도 미디어에 묘사된 정신건강을 이야기할 때 빠지지 않고 등장하는 우리 시대의 고전이 됐다. 세기 말에 출간된 자해 관련 대중서인 매릴리 스트롱Marilee Strong 의《밝고 붉은 비명A Bright Red Scream》은 자해를 아동기 트라우마와 관련지어 설명하면서 자해란 내적 고통이 밖으로 드러난 것이며 일종의 자기치유를 위한 시도라는 견해를 내놓았다.*

　이런 시대적 분위기에 내재한 '전염성'을 감지했기 때문인지 몇몇 사람들은 이 시기 증가하던 혹은 증가하는 것처럼 보이던 자해 문제의 원인을 특히 어두운 분위기의 가사를 주로 써내던 록 음악과 록스타들의 탓으로 돌리며, '록 음악과 문화가 우리 아이들을 망친다'는 기사를 써 비판하기도 했다. 젊은이들이 온갖 삿된 것들에 물든다며 어른들이 욕하는 일이야 기원전부터 있었던 전통이지만, 자해가 '전염'될 수 있다는 생각은 아마도 이 시기에 보편화된 듯하다.

---

* 　1960년대에 비하면 놀랄 만큼 진보한 관점인데 이것은 1980년 《정신질환 진단 및 통계 편람 3판(DSM-III)》에 '외상 후 스트레스 장애'가 정식으로 등장하면서 트라우마에 전반에 대한 전문가와 대중의 이해 및 수용도가 높아진 역사적 배경에서 가능해졌다고 볼 수 있겠다.

자해는 한때의 가벼운 유행일까

1990년대 이후 대중문화 콘텐츠에서 자해는 점점 더 자주 묘사 됐으며, 2000년대 초반에 절정을 이뤘다. 이 시기 영미권에서는 자해를 하는 인물이 주로 백인 여성으로 등장해 자해와 관련된 편견을 더욱 강화시킨다는 비판을 받기도 했다.[14]

자해 묘사가 증가하는 현상은 일본에서도 나타났는데, 가장 일본적인 대중매체인 만화에서 그런 경향이 두드러졌다.[15] 자해가 전면에 등장하는 대표적인 만화 작품으로 스에노부 게이코 すえのぶ けいこ의 《라이프》를 꼽을 수 있다. 따돌림과 괴롭힘을 본격적으로 묘사한 이 작품에는 정신적 고통을 겪던 주인공이 커터 칼로 손목을 그으면서 위안을 얻는 모습이 여러 번 등장하

는데, 그중 한 장면에서 주인공은 이렇게 독백한다. "아냐, 난 죽고 싶은 게 아니야. 죽으려는 게 아니야. 하지만 살기도 싫어."

그러니까 이 대목에서 자살 시도와 자해가 구분되고 있다는 것을 알아차릴 수 있는데, 일본 만화에서 이렇게 '자살 의도가 없는' 자해가 묘사되기 시작한 것은 1980년대 이후부터였으며 점차 자해를 묘사하는 작품도 증가했다.[16] 2000년대 초반, 손목에 자해하는 청소년의 수가 급격히 늘면서 일본 사회는 이 문제에 '리스트컷 증후군(리스카신드롬)'라고 이름 붙였다.

문제는 서구에서 '커터'가 대부분 백인 여성으로 묘사된 것처럼 일본 만화 속에서 자해를 하는 캐릭터도 대부분 여성 청소년이었다는 점이었다. 이들은 대부분 헤테로섹슈얼 여성 청소년이었으며 자해 이후 친구나 연인에게서 정서적 지지를 받긴 하지만 전문가에게 도움을 받는 모습이 묘사되는 일은 거의 없었다.

그러니까, 영향을 받기는 받는다

갑자기 쏟아지는 유명인들의 자해 이야기 그리고 자해가 사실은 '마음의 고통을 밖으로 표현한 것'이라는 달라진 해석이 실제로 자해 증가에 영향을 미쳤을까? 몇 년에 걸쳐 전 국민의 자해 여부와 자해에 영향을 미친 요소를 낱낱이 조사하지 않는 이상, 정확한 인과관계가 있다고 단정 짓기는 어렵다. 다만 1980년대에는 자해를 하는 사람들이 '(자해 이야기를 하는 사람이나 자해하는 사람을 본 적 없어서) 내가 자해를 개발한 줄 알았다'고 회고하는 일이 많았던 데 비해, 1990년대 이후에는 유명인 등의 사례를 통해 자해를 처음 알게 되었다거나 어떤 것인지 호기심을 가지게 됐다고 말하는 경우가 많았다.[17]

이 당시 여러 유명인의 이야기와 관련 책 등을 통해 자해가 널리 알려지고, 대중매체에서 전형적인 '커터' 캐릭터가 로맨틱하게 묘사되면서 자해라는 수단을 미처 상상하지 못했거나 실제로 해볼 생각을 하지 못한 사람들이, 비로소 자해라는 선택지를 알게 되었다는 추측은 조심스럽게 해볼 수 있다. 특히 이미 자해를 하고 있던 사람이 자해의 시작 단계에서 주변의 자해하는 사람에게 영향을 받는다는 사실은 여러 연구에서 밝혀졌다. 정신과 입원 병동에서 한 사람이 자해를 시작하자 자해하는 사람이 급증했다는 임상 사례가 있으며, 한 청소년이 자해를 하면 후일 그 주변 청소년들 또한 자해를 시작할 위험이 높아지

더라는 지역사회 장기 추적 연구도 있다.[18]

또 앞서 말한 이모나 고스, 헤비메탈 등의 록 하위문화 연구에 따르면 이들 문화와 자기 자신을 동일시하는 사람은 그렇지 않은 사람보다 자살과 자해의 위험이 높았는데, 따돌림이나 괴롭힘, 학대 경험을 통계적으로 통제한 뒤에도 결과는 마찬가지였다.[19]

자해는 진짜 문제의 일부분일 뿐

자해가 관계 내에서 서로에게 '학습'될 수 있으며, 특정 문화적 코드를 공유하는 집단 내에서 더 많이 발생할 수 있음은 엄연한 사실이다. 그러나 이 문장을 적는 일이, 내 마음에 작은 불안을 불러일으킨다. 혹시나 이런 논리가 자해를 한때의 가벼운 유행처럼 받아들이는 사람들의 주장을 지지하는 근거가 될까 봐 염려돼서다.

당연한 이야기지만 누군가가 자해와 관련된 콘텐츠를 좀 접했다고 해서 그 이유만으로 갑자기 상습적으로 자해를 하지는 않는다. 자해를 접하는 데서 그치지 않고 실제로 실천에 옮기는 사람은 대부분 기존에 정서 조절 문제를 겪고 있었던 경우가 많다. 자해 자체는 수면 위에 드러난 일부분에 불과하기 때문에 '자해는 멋있는 게 아니라, 한때의 유행일 뿐'이라고 깎아내려 봤자 그 아래 있는 진짜 문제인 심리적 고통은 사라지지 않으며, 그렇게 말하는 것은 효과적으로 자해를 예방하거나 멈추게 하는 데에는 전혀 도움이 되지 않는다. 오히려 이런 오해에 기반한 지적은, 자해 당사자에게 모욕감을 주어 자해를 더욱 드러내지 않고 감추게 하며, 그들의 스트레스와 고통을 더욱 가중시켜 여러 정서적·행동적 증상들을 심화시킬 뿐이다.

만약 '자해는 전염될 수 있다' 또는 학술적으로 표현해서 '자해 행동이 사회적으로 학습될 수 있다'는 사실을 좀 우려스러운 어조로 말하고 싶다면, 지금 정서적 고통을 겪고 있는 사람들이 너무 쉽게 자해를 접하거나 선택하지 않을 만한 환경을 조성해야 한다는 주장 정도가 적당하지 않을까?

인터넷이 보급되며 사람들이 미디어가 내보내는 정보에 일방적으로 영향을 받는 시대가 저물고, 서로 영향을 주고받게 되자 이제 온라인 커뮤니티를 향해 '자해를 부추긴다'는 비난의 화살이 쏟아지기 시작했다. 오늘날 많은 사람이 자해의 원인으로 지목하는 '자해 커뮤니티' 이야기를 잠깐 해보자.

인터넷의 등장과 자해러의 탄생

초고속 인터넷 시대의 도래 자체야 만인에게 달콤했겠지만, 이 '미디어'의 혜택이 더 의미 있게 작용했던 몇몇 집단이 있다. 이 세상에 자신과 비슷한 사람이 있는지 확인하기 어려웠던 사람들, 그런 사람이 있다 해도 어딘가 아쉬움을 느꼈던 사람들, 흔치 않은 취미를 가진 사람들 그리고 '수직적 정체성'보다는 '수평적 정체성'이 더 중요했던 사람들 말이다.

수직적 정체성과 수평적 정체성은 작가이자 심리학자인 앤드루 솔로몬^{Andrew Solomon}이 고안한 용어로, 그의 역작《부모와 다른 아이들》에서 제안한 개념이다. '수직적 정체성'이란 민족성, 국적, 언어, 종교 등과 같이 동일한 가계 안에서 대물림되는 정체성을 의하며, '수평적 정체성'은 부모보다는 동류 집단을 통해 더 많은 동질감을 느끼게 되는 정체성을 말한다.

예를 들어 부모와 무관하게 나타나는 다양한 장애와 증후군을 지닌 사람이나, 성 소수자 같은 이들은 '수평적 정체성'을 가지고 있다고 말할 수 있다. 이들은 (부모가 동일한 정체성을 가지고 있지 않다면) 삶의 방향을 결정할 때 자신과 동질적인 집단을 더욱 필요로 한다. 그리고 '수평적 정체성'이 비슷한 동료를 만나고 싶었던 사람에게 인터넷은 바로 그 바람을 실현할 공간이었다.

서로 비슷한 점을 지녔으면 우정을 나누기 쉽다. 특히 그 유사성이, 스스로는 중요하다고 생각하지만 사회에서 일반적으로 공유되지는 않는 가치관이나 특성일 때는(예를 들어서 특이한 취미를 가졌다거나) 우정을 나누기 더욱 쉬워진다.[20] 이런 의미에서 온라인 커뮤니티는 사회에서 아주 흔하게 나타나지는 않는 어떤 특징을 가지고 있는 사람들이 우정을 형성하는 데 필요한 최적의 조건을 갖춘 곳이다. 그리고 이렇게 온라인을 통해 서로 만나게 된 '드문 특성을 가진' 사람들 중에는 자해를 하는 사람도 있었다.

외톨이 늑대 무리

자해를 연구한 사회학자인 패트리샤 아들러[Patricia A. Adler]와 피터 아들러[Peter Adler]의 표현에 따르면, 1990년대에 자해하던 사람들은 대부분 '외톨이 늑대'였다. 비록 여러 드라마와 영화에 자해가 등장했지만, 그야말로 대중매체일 뿐이라 자해를 하는 다른 사람들을 만나기란 쉽지 않았다. 어쨌든 자해는 근본적으로 비밀스러운 행위, '혼자 하는 행위'였던 것이다.

그러다가 1990년대 말에서 2000년대 초반, 세계적으로 인터넷이 보급되면서 온라인 커뮤니티들이 생겨났고, 일부 외톨이 늑대도 인터넷에서 무리를 짓기 시작했다. 온라인이라는 선택지가 생겨나자 고립되어 있을 수밖에 없던 자해 당사자들이, 비슷한 상황과 감정을 공유하는 사람들을 만날 수 있게 된 것이다.

어떤 사람은 온라인에서 동료를 전혀 찾지 않으며 자기 행동은 비밀로 붙여야 한다고 여긴다. 그러나 어떤 사람은 자해를 '검색한다'. 그리고 어떤 사람은 적극적으로 자해에 관해 이야기를 나누고 싶어 한다.

인터넷 아주 초창기에, 그러니까 소셜 미디어는 아직 없고 웹사이트 중심으로 돌아가던 그 시대에 많은 경우 자해 관련 웹사이트는 사용자들이 운영자에게 이메일로 자신의 사연이나 사진을 보내면, 운영자가 그 자료를 업로드해주는 방식으로 운영됐다. 그러다가 사용자끼리 상호작용할 수 있는 커뮤니티, 한국의 경우 '버디버디', '싸이월드', '세이클럽' 등이 생겨나자 사람들은 자해를 주제로 소통하기 시작했다.

자해 관련 게시판과 블로그도 속속 등장했다. 나 역시 이 시기에 온라인의 영향을 받았다. 당시 사람들이 자해 일기를 올리던 웹사이트나 블로그에서는 특히 청소년들이 자해한 사진을 올리거나 서로 자해 충동 이야기를 나누는 일이 종종 있었다. 우리는 서로를 걱정하면서 편지로 밴드나 바르는 약 등을 보내주고는 했는데 이런 종류의 수용이나 관심은 온라인 밖의 실제 세계에서는 기대하기 어려웠다.

물론 오늘날의 온라인 세계는 2000년대 초반과는 아주 다르다. 페이스북, 트위터, 인스타그램, 틱톡 등 소셜 미디어의 탄생으로 사용자 참여가 더 활발해졌으며 소셜 미디어에 게시된 정보의 확산 속도도 매우 빨라지고 범위도 넓어졌다.

이에 따라 자해하는 사람들은 특별한 기술을 갖추지 않아도 자신이 원하는 주제에 관해 거의 시간과 장소에 구애받지 않고 빠르게 대화를 나눌 수 있게 됐으며, '자해러'라는 단어가 생겨나기도 했다.

자해 커뮤니티의 빛과 어둠

오늘날 인터넷 자해 커뮤니티에 소속되는 것, 그러니까 SNS에 자해와 관련된 글이나 그림, 해시태그를 올리고 자해를 중심으로 다른 사람들과 소통하는 것에는 빛과 어둠이 모두 존재한다.

우선 빛이라 할 만한 점은 자해 당사자들이 자신의 어려움을 그나마 편하게 드러내고, 자신에게 적합한 종류의 도움을 구할 수 있다는 것이다. 자살 의도가 없는 자해나 정서적 문제(우울증, 불안장애 등)를 여전히 편견 어린 시선으로 바라보는 사회적 분위기 속에서, 자해 당사자는 자신이 겪는 어려움을 주변 사람들에게 솔직하게 털어놓기 어려우며, 주변 사람들 또한 이들이 처한 상황을 제대로 이해하지 못할 가능성이 크다. 이럴 때 온라인 커뮤니티에서 비슷한 문제를 안고 있는 사람들을 만나면 좀 더 편안하게 도움을 구할 수 있는데, 같은 길을 먼저 가본 '선배'들에게 공감과 지지를 얻거나 자해 충동이 들 때 어떤 대처 방법을 쓰면 효과적인지 등에 관한 실질적인 조언도 들을 수 있다.

커뮤니티의 '어두운 면모'는 조금 더 복잡하다. 2017년, 몰리 러셀Molly Russell이라는 14세 영국 소녀가 자살로 사망했다. 딸의 사망 이후 아버지인 이언 러셀Ian Russell은 인스타그램을 고소했는데, 그 이유는 다음과 같다. 몰리는 사망 전 6개월 동안 하루에 120번도 넘게 인스타그램에 접속해 우울을 낭만화하고 자해를 부추기거나 동경할 만한 것으로 묘사하는 게시물을 보았는데, 인스타그램 측에서는 이러한 게시물에 적절한 조치를 취하지 않았으며 심지어 알고리즘을 통해 비슷한 콘텐츠에 더 많이 노출되도록 했다는 것이다. 이언 러셀은 딸의 인스타그램을 보니 "매우 우울하거나, 자해를 하거나, 자살 충동을 들게 하는 사람들의 이야기가 많았다"고 말했으며 사건을 담당한 변호사나 경찰은 몰리 러셀의 인스타그램에 올라왔던 이미지들이 "오래 보고 있기 어려울 정도"로 힘들고 충격적인 내용을 담고 있었다고 밝혔다.

온라인 커뮤니티의 어두운 면모 중 하나는 이처럼 자해나 자살, 우울과 관련된 게시물에 지나치게 많이 노출될 수 있으며, 심지어 한번 이런 게시물에 노출되면 계속해서 비슷한 종류의 게시물을 조회하도록 유도된다는 면이다. 몰리 사건을 두고 사람들은 어떤 생각을 할까?

누군가는 대체 그토록 많은 사람이 왜 온라인에서 사진까지 올려가면서 굳이 자해를 공개적으로 이야기하는지 의아할 수도 있다. 어떤 사람은 몰리가 왜 굳이 "오래 보고 있기 어려울 정도"의 충격적인 게시물을 수백 건이나 찾아보았는지 이해하지 못할 수 있고, 자해 당사자들끼리 이야기를 나누어 봤자 얻는 것이 아무것도 없지 않느냐고 지적할 수도 있다. 또 어떤 사람은, 게시물 몇 건이 사람의 기분과 상태에 얼마나 영향을 주었겠느냐고, 그보다 진짜 문제는 다른 데 있지 않았겠느냐고 말할 수도 있다. 누군가는 다른 데서 위안을 구할 길 없던 몰리가 유일하게 마음을 두고 기댈 만한 곳이 소셜 미디어였을 수도 있지 않았겠냐고 추측할 수도 있다.

이 모든 추측은 어느 것 하나 틀리지는 않지만, 그렇다고 자해를 이해할 만한 완전한 그림을 보여주지도 않는다. 왜 이 추측들이 부분적으로만 맞는 이야기인지 알기 위해서는 자해가 어떻게 시작되고 지속되며, 자해 당사자들이 대체로 어떤 상

황에 처해 있고, 그 모든 맥락 속에서 자해가 어떤 역할을 하는
지를 알아야 한다.

2

죽고 싶은 건 아니지만

비자살적 자해

심리학과 학부생 시절, 사회심리학 교수님이 수업에서 이런 말을 한 적이 있다. "심리학은 원래 자기가 이상하다고 생각하는 사람들이 전공하는 거예요." 그 말을 들은 학생들 다수가 웃었는데, 농담이라고 생각해서 그랬는지 아니면 나처럼 정곡을 찔려서 그랬는지는 잘 모르겠다. 적어도 나는 후자의 이유로 웃었으며 당시 '내가 힘든 까닭을 찾기 위한 미칠 듯한 노력'으로 내 학점의 대부분을 쌓아올렸다. 생물심리 수업을 들어도 내 문제 같았고(아무튼 뇌의 어딘가가 잘못되었음이 틀림없어), 성격심리 수업을 들어도 내 문제 같았으며(아무튼 발달단계의 어딘가에 고착이 되었나 봐), 정신 병리에 대한 수업은 '내 병명 리스트' 같았다.

그때 나는 내 삶의 방식이 세상과 영 맞지 않아 막연히 부대낀다고 느끼고 있었는데, 아마 그 부대낌을 설명할 수 있는 방법이 '병'이라고 생각했던 것 같다. 나는 정체 모를 불편한 감정에 이름을 붙여 잘 대처할 수 있기를 바랐다. 설명되지 않는 불편감보다는 원인과 대책이 확실한 문제를 가지고 있는 편이 훨씬 나았으니까.

알맞은 이름표

넷플릭스의 전무후무한 '미친 여자' 뮤지컬 드라마 〈크레이지 엑스 걸프렌드〉에는 〈진단〉이라는 제목의 노래가 나온다. 주인공 리베카 번치는 30년이 넘는 세월 동안 우울증, 불안장애, 섹스 중독 등 다양한 병명 아래 이런저런 치료를 받았지만, 자신의 삶이 전혀 나아지지 않았다고 느꼈다. 상황이 악화되자 리베카는 결국 시즌 3에서 약물 과다 복용으로 자살을 시도한다. 그런데 자살 시도 후 입원한 병원에서 새 의사를 만난 뒤 리베카에게 희망의 빛이 보이기 시작한다. 이 의사는 '그동안 제대로 된 진단이 내려지지 않았던 것 같다'며 새 진단을 받고 그에 알맞은 치료를 하면 삶이 나아질 것이라고 말해줬다. 불후의 명곡

〈진단〉은 바로 새로운 진단명을 듣기 직전, 기대에 부푼 리베카가 자신이 갖고 있는 심리적 문제에 정확한 진단이 내려지길 열망하며 부르는 곡으로, 많은 사람의 심금을 울렸다. 그중에서도 가장 감명 깊은 가사는 이렇다.

의사 선생님. 내 편, 내 동족을 처방해줘요.

그동안 내가 같은 병을 가진 사람들에게 속해 있었다고 말해줘요.

(…)

완벽하진 않아도 적어도 자신이 누구인지는 알 수 있잖아.

정신건강전문가로 일하면서 가장 많이 듣는 질문은 "이것도 ○○에 포함되나요?" 혹은 "이것과 저것은 어떻게 구분하나요?"다. 예를 들어 "저는 스트레스를 받으면 머리를 뽑는데 이것도 자해인가요? 게으름과 무기력은 어떻게 구분하나요?" 같은 질문들. 처음에 나는 순수하게 정신건강 분야를 궁금해하는 학문적인 호기심에서 질문을 던지는 것이라고만 생각했다. 그러나 돌이켜 생각해보면, 이 질문들은 근본적으로는 결국 이러한 의미에 가까웠던 것 같다. "그래서, 저는 무엇인가요? 나는 내 행동을/감정을/생각을 어떤 방식으로 이해하면 되나요? 전심각한 상태인가요? 이제부터 뭘 하면 되죠?"

사람들은 대개 특정 정신질환을 진단받는 것이 낙인이 될 수 있다고 우려하는데, 물론 그런 측면이 꽤 있다. 그러나 어떤 사람은 여전히 자신에게 '알맞은 이름표'가 붙여지기를 열망하는데, 이때 그가 원하는 것은 이름표를 가짐으로써 자기 자신을 더 잘 이해하고, 비슷한 처지에 있는 사람들을 만나 혼자라는 느낌에서 벗어나며, 궁극적으로는 문제 자체에서 빠져나오는 것이다.

왜 어떤 사람에게는 머리카락을 뽑는 행동이 자해에 들어가는지가 중요할까? 그것은 어떤 행동을 자해라고 부를 때와 아닐 때 그 행동의 의미가 달라지기 때문이다. 따라서 알맞은 이름을 붙이는 것, 그 이름에 무엇이 포함되고 포함되지 않는지 알고, 왜 그런 행동을 하고 또 지속하는지를 정확히 아는 것은 중요하다.

자해란 무엇인가

사람들이 자해를 하는 이유를 하나하나 뜯어보기 전에, 우선은 자해가 무엇인지부터 짚고 넘어가자. 편의상 이 글에서 '자해'라고 지칭하는 일련의 행동을 일컫는 공식 학술용어는 '자살 의도가 없는 자해' 또는 '비자살적 자해'로 번역되는 'nonsuicidal self-injury'다. 사실 이 용어가 공식적으로 정착되는 데는 꽤 오랜 시간이 걸렸는데, 이 용어를 사용하자는 합의가 이뤄지기 전까지 자해를 지칭하는 용어는 자기훼손self-mutilation, 자기상해self-harm 등 다양했다.

국제자해연구학회의 정의에 따르면, 비자살적 자해란 "고의적이며, 스스로 유발한 체조직body tissue 손상"이다. 이러한 손상은 "사회적으로 용인되지 않으며 자살의 의도가 없어야" 한다. 이 정의를 세세히 한번 살펴보자.

'고의적'이라는 말은, 스스로의 몸에 상처를 낼 명확한 의도를 가지고 그렇게 행동한다는 뜻이다. 따라서 우연한 사고를 기대하고 '다칠 수도 있고 아니면 말고'라는 식의 위험한 행동을 하거나 반복적으로 익스트림 스포츠를 하는 것과 같은 행동은, 상해의 위험이 높은 행동이긴 하지만 학술적인 의미의 비자살적 자해에는 포함되지 않는다. 또한 이 정의에 따르면, 베인 상처, 멍, 긁힌 상처처럼 즉각적인 '체조직 상해damage'가 발생해야만 자해라고 할 수 있다. 그러나 상흔이 나타나지 않는 행동은 그것이 위험하거나 해가 될 가능성이 있다 하더라도 원칙상 자해에 포함시키지 않는다. 즉 흡연이나 과음, 극단적인 음식 섭취 제한 등은 건강을 해칠 만한 파괴적인 힘이 있지만, 자해라는 개념의 틀 안에 들어오지는 않는다. '사회적으로 용인되지 않는다'는 말의 의미는 피어싱이나 타투 같은 문화적 행동이나 종교의례로 행해진 신체적 손상은 '비자살적 자해'에 포함되지 않는다는 것이다. 마지막 요소 '자살의 의도가 없다'는 말은 문자 그대로 상해 행동에 죽고자 하는 의도가 없음을 의미하며, 이는 자해 행동을 정의하는 데 있어 가장 핵심적인 요건이다.

그렇다면 자살 의도가 있는 자해와 없는 자해는 어떻게 구분할까? 물론 가장 쉬운 방법은 당사자에게 그 당시 자살 의도가 있었는지 물어보는 것이지만, 연구를 통해 밝혀진 자살 시도와 자해 행동의 차이도 참조해볼 수 있다.

자해는 대개 자살 시도에 비해 더 이른 나이에 시작되는 경향이 있다. 자해 행동은 만 13세 무렵, 한국 나이로는 중학생

정도 연령대에 시작되는 것이 보통이며,[21] 자살 행동은 그보다 늦은 나이인 만 16세 무렵 처음 나타난다. 자살하고자 하는 사람이 주로 목매달기, 음독과 같은 방법을 사용하는 것에 반해 자해하는 사람은 생명을 끊을 목적이 있는 것이 아니므로 치명적이지 않은 방법으로 몸에 상해를 입힌다. 또한 자살 의도가 없는 자해 행동을 하는 사람은 다양한 방법으로 자해를 하는 반면, 반복적으로 자살 시도를 하는 사람은 비교적 단일한 방법을 고수한다.

이처럼 자살과 자해는 시작 연령부터 수단의 종류와 다양성에 이르기까지 여러 면에서 구별된다. 그렇지만 이론이 아닌 현실에서 자살 행동과 자살 의도가 없는 행동이 늘 두부 자르듯 분명하게 나뉘지는 않으며 그 중간 어딘가에 미결정 자해 행동 undetermined self-injurious behavior 또는 undetermined self-directed violence 이라는 회색 지대가 있다.[22] 쉽게 말해, "그런 행동을 했을 때, 당신은 자살을 하고자 했나요?"라는 질문에 그렇다고도, 아니라고도 쉽게 말할 수 없는 경우다.

자해는 자살 위험을 높이는가

비자살적 자해에 대한 인터뷰를 하면서 개인적으로 가장 걱정되었던 참여자 중 한 명인 〈르비〉는 중학교 3학년 때부터 열아홉 살인 현재까지 지속적으로 자해를 했으며, 총 몇 번인지 기억나지도 않을 만큼 자살 시도를 했다고 밝혔다. 〈르비〉는 자해가 충동적으로 하게 되는 행동이라면 자살 시도는 계획을 세워서 하기 때문에 스스로는 둘을 구분했지만, 의도가 명백히 나누어지지는 않는 순간도 있다고 말했다. 〈르비〉는 "마치 도박에서 배팅하듯"이 자해를 하게 된다고 했는데, 그러다 진짜로 죽으면 "운이 좋은" 것이라고 말했다. "운 좋으면 죽고, 아니면 말고. 아니면 그냥 자해에서 끝나는 거고요."

사실 현장에서 자해하는 사람들을 만나는 임상가는 가장 보수적인 기준, 즉 자살의 의도가 아주 조금이라도 있었다면 그것을 자살 시도로 분류하는 원칙을 적용하기 때문에 엄밀히 말해 〈르비〉의 행동은 자해보다는 자살 시도로 이해하는 것이 더 적합할 수 있다. 다만 "죽고자 하는 의도"는 때에 따라 그리고 매우 짧은 순간에도 그 강도와 내용이 변할 수 있기 때문에 시간이 지난 뒤 어떤 순간에 얼마만큼 죽고 싶었는지 밝히는 것은 생각보다 까다로운 작업이다. 또한 자기상해에 자살 의도가 포함되어 있었는지 아닌지를 밝히려면 행위 당시 자신의 동기를 정확히 통찰할 수 있어야 하는데, 이것이 언제나 가능하지는 않다.[23]

'자살 의도가 없는 자해'가 자살과 공존하는 방식은 이뿐만이 아니다. 사실 많은 경우 자살 의도가 없는 자해를 하는 사람은 자살 생각이나 구체적인 자살 행동을 함께 보이며, 후일 자살을 시도할 위험도 더 높다.[24]

자살 의도가 없는 자해를 하면서 한편으로는 자살의 의도를 갖고 있기도 하다니, 모순처럼 보인다. 그러나 이 두 가지를 동시에 가능하게 하는 여러 가지 메커니즘이 분명 존재한다.

먼저, 자해와 '우울증'의 연관성을 고려해볼 수 있다. 자해를 하는 모든 사람이 우울증이 있는 것은 아니지만, 우울증은 자해와 깊은 관계를 맺고 있으며 자살 생각도 우울증의 대표적 증상이기 때문이다. 이러한 경우 근본적으로는 우울증의 증상이 존재하고, 이 증상이 자해와 자살 모두에 영향을 미친다고 이해하면 된다.

그렇지만 우울증 하나만으로 자해와 자살 사이의 연관성

이 전부 설명되지는 않으며, 또 자해나 자살 위험성이 있는 모든 사람이 우울증 증상을 가지고 있는 것도 아니다. 사실 우울 증상, 자해 그리고 자살 행동의 관계는 매우 복잡하게 얽혀 있다. 한 연구에서는 정신건강의학과에 입원한 환자들을 대상으로 자해 행동, 자살 생각, 자살 시도의 관계를 연구했는데 자해 빈도가 자살 시도 횟수와 높은 상관관계를 보였으며, 기존에 자살 행동을 강력하게 예측한다고 알려져 있는 우울 증상의 강도, 무망감보다도 자해가 더욱 강력하게 자살 시도 횟수를 예측하는 변수인 것으로 나타났다.[25] 또 다른 연구에서는 자해 상처 유무가 후일의 자살 생각 및 시도를 예측하는 것으로 밝혀졌는데 이러한 결과는 우울증의 영향력을 통계적으로 조정한 후에도 여전히 유효했다.[26] 그러니 비록 앞에 '비자살'이라는 말이 붙어 있기는 하지만 비자살적 자해가 자살과 분명히 연관되어 있다고 추론할 수 있다.

그리고 또 한 가지 중요하게 고려해야 할 사항이 있다. 바로 자해는 어떤 행동의 결과일 뿐만 아니라 원인이기도 하다는 점이다. 반복적인 자해는 자살 위험성을 높이는 것으로 알려져 있다.

스스로 해치는 능력을 연마하는 사람들

자해가 정확히 어떤 방식으로 자살 위험을 높이는지에 대해서는 아직 연구가 더 필요하지만, 설득력 있는 가설 중 하나는 '자해 때문에 스스로의 몸에 손상을 가하는 것이 익숙해진다'는 주장이다. 인터뷰 참여자 〈르비〉도 "항상 자해를 하다 보니 익숙해"졌다고 했다. 자살에 관한 대인관계 이론에서는 어떤 사람의 자살 위험을 판단할 때 그에게 스스로 몸에 치명적인 해를 가할 능력이 있는지 여부를 살피는 것이 매우 중요하다고 말한다.[27]

'능력'이라는 말이 오해를 부를 수 있어 부연 설명을 하자면, 생명체는 누구나 자신의 몸이 손상되는 것을 싫어하고 두려워하며 자신을 보존하고자 하는 본능을 가지고 있다. 스스로 육체에 치명적인 손상을 가하는 것은 '자연스러운' 행위가 아니며, 큰 손상을 가하기 위해서는 어느 정도는 고통과 죽음을 두려워하는 마음에 무감해져야 한다. 대인관계 이론을 주장한 토머스 조이너 Thomas Joiner 박사는 아마도 그런 의미에서 '능력'이라는 단어를 사용한 것 같다.

상담을 하다 보면 "정말 죽고 싶지만 너무 고통스러울 것 같고 무서워서 자살은 생각하지 않는다"고 말하는 사람을 많이 만난다. 진지하게 죽음을 생각하는 사람은 많지만, 그만큼 자기 보호 본능을 무시하기란 매우 어렵다. 그러나 신체적 고통과 폭력에 익숙한 사람은 이런 경계를 보다 더 쉽게 뛰어넘을 수 있게 되는데, 바꿔 말하면 이들은 스스로를 해칠 '능력'을 가진 사람이며 따라서 이들을 더욱 주의해서 살펴야 한다. 이러한 관점에서 본다면, 자해를 거듭하는 것은 스스로를 해치는 능력을 연마하는 것과 같다.

마치 중독처럼 자해도 역시 습관화되는데, 이로 인해 반복적으로 자해를 하는 사람은 처음 자해할 때와 같은 효과를 얻기 위해 점점 강도를 높여야 하는 상황에 처한다.[28]

인터뷰 참여자 〈한〉은 가정폭력과 성폭력을 경험한 생존자이면서, 수년간 자해를 정서 조절의 수단 중 하나로 사용했다. 삶에 강한 의지를 보였던 그는 인터뷰에서 어떻게 해서든 고통스러운 감정을 조절하고 싶은 마음에 자해를 시작했지만, 오히려 그 때문에 죽음에 한층 가까워졌던 과거의 경험을 들려줬다. 〈한〉에게 자해는 일종의 중독과도 같았는데 할수록 "점점 더 깊게 하고" 싶어졌다. 그러다 보니 자해가 상당히 심한 수준에까지 이르렀는데 나중에는 "피 때문에 칼날이 미끄러워져서 더 그을 수 없"어 "씻고 다시 긋는" 일을 하루에 네다섯 번 반복한 적도 있었다. 그러던 중 자해 강도가 점점 강해지는 것을 발견한 주치의가 '이 정도면 의도하지 않더라도 우발적으로 사망할 수 있다'며 반드시 입원 치료를 해야 한다고 경고하자 위기감을 느끼고, 자해 방법을 바꾸거나 자해 충동에 대처하는 등 여러 가지 노력을 하게 됐다.

〈한〉처럼 심한 수준으로 자해를 반복한 사람은 어느새 통증에 둔감해질 수 있다. 비자살적 자해와 통증을 연구한 연구자들에 따르면 자해 경험이 있는 사람은 그렇지 않은 사람보다 통증의 역치가 높다. 즉 자해하는 사람이 어떤 감각을 '아프다'고 느끼기 위해서는 다른 사람보다 더 높은 강도의 자극이 필요하다는 것이다.[29] 자해 상처가 심할수록, 여러 가지 수단을 사용해 자해를 할수록 자살 생각을 하거나 자살 행동을 보일 위험성이 높아지며[30] 고통에 일종의 내성도 생긴다. 그리고 고통에 익숙해지면서, 자해를 하는 사람은 본인이 원하든 원치 않든 자살에 대한 심리적인 장벽이 낮아진다. 그러니까 자살과는 분명 다르다는 의미로 앞에 '비자살적'이라는 수식어가 붙지만, 이 행동을 반복하면 할수록 역설적으로 자살과 어느 정도는 가까워진다.

그렇다면 자해를 하는 사람은 애초에 수많은 다른 문제 해결 방법을 두고 하필이면 왜 이토록 위험한 방법을 택한 걸까? 그들은 애초부터 남다른 사람인 걸까? 아니면 자해를 선택하게 되는 어떤 원인이나 사건이 있는 걸까?

자해의 유익과 장벽

책을 준비하면서 나는 학교에서 청소년들을 직접 만나는 상담 전문교사를 인터뷰했다. 인터뷰 전에 선생님께 드린 사전 질문 중에는 "자해를 하는 학생의 특징이 있다면 어떤 것인지 궁금하다"는 내용이 있었는데, 선생님은 자해를 하는 학생의 특성이 따로 있다고 이야기하는 것은 편견을 부추길 여지가 있는 듯하다고 조심스럽게 의견을 주셨다. 그 대답을 듣고서야 나는 아차 싶었는데, 비록 내 질문의 의도는 그런 것이 아니었지만 충분히 "자해하는 아이에게는 뭔가 다른 특징이 있지 않느냐"는, 그런 아이들은 "뭔가 잘못되거나 결여된 아이 아니냐"는 질문처럼 들릴 수 있음을 깨달았기 때문이다.

'자해의 위험 요인'을 묻는 질문에 적절하게 답하기란 생각보다 까다롭다. 만약 어떤 특정한 조건을 가진 사람이 자해에 더 취약하다고 이야기한다면, 그것은 특정 조건을 가진 사람에 대한 편견을 부추기거나 이미 그런 조건을 가지고 있는 사람이 무력감을 느끼기 쉽기 때문이다. 가정폭력을 경험하며 자란 사람이 '폭력은 대물림된다'는 이야기를 들으면 좌절감을 느끼게 되듯이.

이런 위험성을 깨닫고 나서야 나는 내가 진짜로 궁금했던 것을 제대로 물어볼 수 있었다. 세상에는 우울하거나 가정환경이 좋지 않거나 정체성 문제를 고민하는 청소년이 무수히 많은데 왜 누구는 자해를 선택하고 지속하며, 누구는 그렇지 않을까? 그냥 우연의 문제일까? 아니면 '자해를 선택할 것인가 말 것인가'라는 의사결정에 영향을 미치는 다른 요인이 있는 걸까?

자해의 '유익과 장벽benefits and barriers' 모형은 내가 궁금해했던 정확히 바로 그것, 왜 누군가는 자해를 선택하며 누군가는 그렇지 않은지를 포괄적으로 설명하는 이론이다.[31] 간단히 설명하자면, 자해를 시작하고 지속하는 유익이 분명히 존재하며 생각보다 꽤 많은 사람이 그러한 장점을 누릴 수 있지만 자해를 선택하지 않는 이유는, 자해를 선택하지 않도록 막아주는 여러 심리·사회적 장벽이 존재하기 때문이라는 것이다.

모형을 처음 만든 사람들이 이런 부분까지 고려해 용어를 정한 것인지는 알 수 없지만, 어쨌든 나는 '위험 요인'이라는 용어가 아니라 자해의 '유익'과 자해로부터 사람을 보호하는 '장벽'이라는 단어로 접근하는 것이 마음에 들었다. 이 개념적 틀 안에서 자해를 선택하는 사람은 나름의 '계산'을 했다는, 즉 장기적으로 도움이 되는지를 떠나서 그 순간에는 어쨌거나 그들에게 이득이 되는 쪽으로 행동했다는 것이 명확해진다. 또한 이 가설은 꽤 설득력이 있다. 이 이론을 지지하는 사람들은, 자해를 둘러싼 의사결정에 있어 특히나 다음과 같은 요소들이 중요하다고 설명한다.

자해의 유익과 장벽

유익

1. 정서적 이득(자해는 정서 조절에 도움을 준다).

2. 자기처벌 욕구의 충족.

3. 또래 집단에서의 소속 욕구 충족.

4. (자해를 통해) 자신의 힘이나 심리적 고통을 (간접적으로) 전달할 수 있음.

장벽

1. 자해를 알지 못함.

2. 자기^{self}에 대한 긍정적 관점.

3. 신체적 고통.

4. 자해 관련 자극에 대한 불쾌감.

5. 사회규범.

중요한 타이밍에 도구가 없는 것

자해와 비자해 사이에 있는 장벽의 첫 번째 요소가 '자해를 알지 못함'이라는 것은 간과하기 쉽지만 상당히 중요하다. 어떤 현상의 근본적인 원인을 해결할 방법이 요원할 때 당장 실행할 만한 궁여지책이라도 마련하는 것이 아무것도 하지 않는 일보다 훨씬 낫다는 오랜 교훈을 되새겨주기 때문이다.

예를 들어 높은 치사율로 악명이 높았던 농약 패러콧(제품명은 그라목손이다)은 자살 목적으로 오용되는 사고를 줄이기 위해 2011년에 판매가 금지되었는데, 이때 몇몇 사람은 농약 판매 금지가 과연 자살 예방에 얼마나 효력이 있겠느냐며 회의적인 태도를 보였다. 한국사회의 노인 소외와 노년기 빈곤, 도농 격차, 장기적인 경제성장률 둔화, 복지 사각지대 문제 등 복합적이고 고질적인 병폐를 개선해야 진정한 문제 해결이 가능하지, 수단을 규제해봐야 큰 의미가 없다는 것이다. 물론 타당한 말이다. 그러나 아무리 보아도 구조적인 문제를 해결할 날이 요원하다면 수단을 제한하는 것도 어느 정도는 효과적이다. 실제로 패러콰 규제로 자살률이 37퍼센트 감소했으며, 비슷한 문제로 고민 중인 타국 정신건강전문가들이 이 사례에 많은 관심을 보이기도 했다.[32]

한 친구는 이 이야기를 듣고, 정말로 자살할 생각이 있는 사람은 결국 다른 방법을 택하지 않겠느냐, 죽고 싶을 만큼 불행하지만 오로지 그라목손이 없어서 자살을 택하지 않은 사람의 삶이 얼마나 나아질 수 있겠느냐고 질문했다. 그런데 분명히, 어떤 '중요한 타이밍'에 자살과 관련된 도구가 옆에 없는 건 시간을 벌어준다. 충동에서 조금은 벗어날 수 있는 시간, 자신 안의 다른 측면을 꺼낼 수 있는 시간, 다른 선택을 할 수 있는 시간 말이다.

이와 같은 예방적 관점에 동의하는 사람은 자해 관련 정책에도 비슷한 태도를 보일 수 있다. 21세기에 자해라는 개념은 너무나 널리 퍼져 있어 이를 숨기는 일은 거의 불가능하지만, 보다 가까이서, 자주 자해를 접하는 일을 줄이는 것과 관련된 논의는 활발하게 지속되고 있다. 대표적으로 페이스북-인스타그램 사례가 있다.

1장에서 소개한 몰리 러셀의 이야기를 기억하는가. 사실 그 후일담이 있다. 러셀의 이야기가 알려지고 정부와 대중, 기업의 관심이 커지자 페이스북-인스타그램은 자해나 자살을 조장할 만한 그림이나 만화와 같은 게시물을 관리하겠다고 약속했다. 2019년 2월에는 전문가 집단의 자문을 받아 '누군가가 힘든 상황을 토로하기 위해 올렸을지라도 노골적인 자해 이미지는 의도치 않게 자해를 조장할 가능성이 있다는 결론'을 내렸다고 발표했으며, 자해나 자살을 조장할 우려가 있는 이미지를 걸러내는 AI를 개발하는 등 노골적 자해 이미지를 허용하지 않는 정책을 유지하고 있다.

이러한 정책이 과연 효과가 있을지 근시일 내에 정확히 판단하기는 어렵겠지만, 간접적으로나마 힌트를 얻을 만한 연구 결과들은 존재한다. 한 연구에 따르면 온라인 이미지들은 자해를 정상화normalization, 즉 별 문제가 없는 행동이라고 여기게 함으로써 일부 사람이 습관적으로 자해를 하게 되는 데 영향을 준다고 한다.[33] 또한 소셜 미디어에서 자해 관련 내용을 접한 것이 한 달 뒤 자해와 자살 관련 생각을 떠올리는 것과 밀접한 관계가 있으며, 이러한 경향은 특히 자해 관련 게시물을 접하기 전 우울이나 불안 같은 정신건강 문제를 겪고 있던 위험군에서 두드러진다는 연구도 있다.[34] 이미 우울한 사람이 소셜 미디어를 떠돌다가 자해 관련 게시물을 접하면, 방어벽이 무너져 자해를 선택할 위험이 높아진다는 것이다. 또 소셜 미디어 사용과 자해의 관계를 다룬 21편의 논문을 연구한 결과를 살펴보면, 총 21편 중 13편이 부정적인 결과를 보고했으며 6건은 중립적이거나 양가적인 결과를 보고했다.[35]

여기서 말하는 부정적인 결과에는 다음과 같은 현상이 포함되어 있다. 소셜 미디어에서 자해 관련 정보를 습득한 사람 중 일부는 나중에 문제 상황에서 그 정보를 행동에 옮겼다. 즉 소셜 미디어에서 접한 자해 정보가 실제 자해에 영향을 미친 것이다. 이때 자해 관련 정보는 문자로 작성된 것일 수도 있고 이미지나 영상같이 시각적인 콘텐츠일 수도 있는데, 시각 콘텐츠를 접한 경우 더 즉각적으로 생리적 반응을 일으키며 이후 자해로 이어질 위험성이 더욱 높았다.

그런데 자해나 자살 관련 콘텐츠를 올리지 못하게 하거나 삭제하도록 하는 것이 진짜로 효과가 있는지, 이런 식의 규제와 감시를 어디까지 확장해야 진정한 효과를 얻을지, 관련 콘텐츠를 규제하는 일이 정말로 가능하기는 한지에 관해서는 생각해볼 필요가 있다. 자해 관련 게시물을 올리는 사람들이 규제를 피해갈 방법을 찾은 것은 어제오늘 일이 아닌데, #self-harm이라는 해시태그를 금지하자 이들은 #self-harmm, #self-harmmm으로 옮겨가며 하던 일을 계속했다.

규제가 생기고 강화된다면 물론 귀찮을 테고 이 귀찮음도 꽤 괜찮은 장벽이지만, 마음만 먹으면 다른 길은 얼마든지 찾을 수 있으므로 과연 이 우회로를 모두 막는 것이 가능한지, 어디까지 막아야 효과가 있을지는 정확히 말하기 어렵다. 그리고 이보다 좀 더 복잡한 문제도 있다. 대체 어떤 것이 자해를 조장할 위험이 있는 노골적인 이미지이고 어떤 것은 아닌가?

해서는 안 되는 행동이라는 압박

이 논의들은 자해의 유익이나 장벽과도 연관이 있다. 특히 세 번째 유익인 또래 집단에서의 소속 욕구 충족 그리고 장벽 중 다섯 번째로 거론되었던 사회규범과 관련이 있는데, 우선 사회 규범부터 이야기해보자.

자해는 많은 문화권에서 타인에게 긍정적으로 받아들여지지 않으며 대개는 크게 문제가 되는 행동이다. 이 단순한 사실은 꽤 큰 힘을 가지고 있는데 집단 안에서 많은 사람이 어떤 행동을 두고 해서는 안 되는 행동이라는 것에 동의할 때 사회적인 동물인 인간은 거기 동의하지 않거나 꼭 그럴 필요성을 느끼지 않더라도 우선 따라야 한다는 압박을 느끼기 때문이다.

또한 다른 많은 사회규범처럼 '자신을 해쳐서는 안 된다', '자해를 하면 안 된다'는 규범 역시 개인마다 서로 다른 수준으로 내면화되는데, 이를 강하게 내면화한 사람은 힘든 상황에서도 자해를 선택하지 않거나 자해를 선택하더라도 자신이 자해를 했다는 사실 자체에서 슬픔과 안타까움을 느끼고 스트레스를 받으며, 장기적으로 더 이상 자해를 해서는 안 되겠다고 생각하기도 한다.

그런데 자해가 해서는 안 되는 사회규범이라고 해도 모두가 이를 착실히 따르는 것은 아니며, 이런 다섯 번째 장벽을 우회할 수 있는 방법도 여러 가지다. 타인의 자해 흔적을 발견한 사람은 여러 반응을 보이는데 모른 척하기, 걱정하며 묻기와 같은 온건한 반응을 보이는 사람도 있지만 경악하거나 혼을 내는 것같이 부정적인 반응을 보이는 경우도 있다. 인터뷰 참가자 〈지아〉와 〈초가〉는 교사와 보호자가 자해 흉터를 발견한 직후의 반응을 이렇게 회상했다.

반에서 모둠 수업을 하고 있었는데, 선생님이 오셔서 제 팔을 가리키면서 "너 이거 뭐야?"라고 크게 얘기하시는 거예요. 그런데 반 애들 중에는 저랑 안 친한 애들도 있잖아요. (…) 그런 반응들…, 놀라신 건 이해하지만. 사람들 많은 데서 그렇게 크게, 그렇게 하는 건…, 너무 배려 없는 행동이 아니었나. <지아>

자해한 걸 들켰어요, 부모님한테. 한 세 번이었나. 그래서…, 되게 크게 혼났는데요. (…) "너 이거 정신병자들이나 하는 거야!" 이런 식으로 (말하는 거예요). 저는 (자해에 대해서 들었던 말 중

에) 자해하는 거 처음 들켰을 때 엄마가 했던 말이 제일 상처였

어요. <초가>

이런 반응을 실제로 겪거나, 주변 사람이 이와 비슷한 반응

을 보일 거라고 예상한 사람은 어떤 행동을 할까? 당연하게도

자해 흉터를 숨긴다. 다른 연구 참여자였던 〈PP〉는 손목을 그

으면 다른 사람이 쉽게 발견할 수 있을 것 같아서 어깨를 그었

다고 했으며, 학교를 나가지 않는 기간에는 볼 사람이 없으므로

손목에 자해를 했다고 말했다.

온라인이 자해를 정상화한다?

타인의 부정적 반응을 우회할 다른 방법도 있다. 자해 행동을

비교적 별것 아닌 행동처럼 여기거나 자신이 원했던 반응을 얻

을 수 있는 곳을 찾는 것이다. 바로 이때 소셜 미디어가 다시 중

요해지는데, 많은 경우 오프라인에서보다 소셜 미디어에서 이

런 공간을 쉽게 찾을 수 있기 때문이다. 학술적인 용어로는 소

셜 미디어 커뮤니티가 자해를 정상화한다고 말하는데, 앞서 잠

깐 설명했듯 어떠한 행동이 보통은 비정상적인 것으로 여겨지

거나 일탈적인 의미를 띠더라도 마치 그렇지 않은 것처럼, 일상 생활의 자연스러운 행동인 것처럼 여기게 만든다는 의미다.

이렇게 설명하면 마치 정상화가 부정적인 행동을 정당화 하려는 시도처럼 보일 수 있겠지만, 상담 현장에서 이 단어는 이루어져야 할 것, 해야만 할 과제로 사용되는 경우가 더 많다. 예를 들어 폭력 범죄 피해를 입은 뒤에 불안, 경악, 분노 같은 정 서를 수시로 느끼면서도 '내가 왜 이러지', '미친 게 아닐까'라 고 생각하는 경우를 생각해보자. 이런 경우 '그런 감정을 느끼 는 것은 자연스러운 일'이라는 정상화가 반드시 필요하다. 그러 나 자살 의도가 없는 자해의 경우 정상화를 어떻게 보아야 할지 는 좀 더 까다로운 문제다. 물론 겉으로 드러나는 행동(자해) 밑 에 있는 부정적인 정서는 수용해야 한다. 그러나 자해를 중심으 로 하는 온라인 커뮤니티에서는, 많은 경우 부정적이고 고통스 러운 감정뿐 아니라 자해 행동도 정상화의 대상이 된다.

온라인 커뮤니티에서 정상화의 수준은 자해 행동을 했을 때 특별한 반응을 보이지 않는 것부터 걱정해주는 것까지 그리 고 '더 잘' 자해할 수 있는 방법을 알려주는 것까지 매우 다양하 다. 〈르비〉의 이야기를 들어보자.

(자해했다고 이야기하면) "너 소독은 잘 했니?" 이렇게 서로 걱정해주기도 하고 "이런 자해 했어"라고 말하면 "어이구~" 하면서 그냥 받아주는 그런 느낌. 서로가 자해를 해도 딱히 반응은 안 하는 게, 반응하면 무겁게 다가올 수 있으니까 그냥 마음만 찍어주고(내가 보고 있다는 티만 내고). (…) 예전에 트위터에서 생방송으로 자기가 자해를 어떻게 하는지 보여주겠다면서 강의를 하는 사람이 있었어요. (…) 저는 그거 보고 '야, 이거는 정말 정신 건강에 해롭다' 싶어서 그 계정은 언팔했어요.

이러한 공간에서 자해는 '또래 집단에서의 소속 욕구'를 충족시킬 수 있는 수단이 되기도 한다.

물론 이런 현상은 온라인에서만 일어나는 것은 아니다. 자해를 시작하거나 유지하는 이유로 '다른 사람과 친해지고 싶어서', '친구들이 하기 때문에', '친구가 해보라고 해서'라고 밝힌 사람도 많다.[36] 자해를 매개로 한 우정인 셈인데, 다만 이런 경우는 다른 이유로 자해를 시작한 사람에 비해 상대적으로 소수에 속한다.

사회적 배제

자해와 또래 집단에서의 소속 욕구 충족 사이의 관계를 살펴보려면, 자해 당사자가 겪는 사회적 배제에 관한 얘기를 먼저 짚고 넘어가야 한다. 자해를 하는 사람은 우울증 등 다른 심리 문제를 겪고 있을 확률이 높으며 가정폭력이나 학교폭력, 따돌림 등을 당한 적이 있는 사람도 많다. 이러한 다양한 부정적 경험 때문에 이들은 다른 사람에게 쉽게 마음을 터놓거나 새로운 관계를 맺기가 어렵다. 그러나 얄궂게도 우리 마음은 사회적으로 배제를 당하면 처음에는 다른 사람에게 조금 더 다가가려고 노력하다가 장기화되면 일종의 '자기 보호 모드'가 활성화된다. 그렇게 되면 마치 놀란 거북이가 머리와 다리를 등딱지 안에 쏙 넣어버리듯 타인과의 접촉을 꺼리며 타인의 표정, 언행, 메시지에서 부정적인 신호를 더욱 빨리 읽어내게 된다. 많은 경우 자해를 하는 사람도 역시 대인관계에서 더 많은 불안을 겪고 거절당할까 봐 두려워한다.[37]

외로운 데다 예민해져 있는 이들에게 익명성이 보장되는 온라인 세계는 그럭저럭 괜찮은 대안일 수 있다. 온라인에서는 자신이 누구인지 알리지 않은 채로 다른 사람에게 말할 수 없었던 이런저런 고통과 고민 등을 나눌 수 있는데다 어두운 이야기를 기꺼이 들어주고, 공감해주고, 자신의 이야기를 털어놓는 다른 사람도 만날 수 있다. 게다가 소셜 미디어 특성상 실시간으로 대화할 필요도 없고, 남들을 덜 신경 써도 된다.

그래서인지는 모르겠지만 자해 과거력이 있는 사람 중 절반가량은 '인터넷 고사용군'에 속하며 특히 소셜 미디어를 많이 사용했다.[38] 또한 이들이 인터넷을 통해 친밀한 관계를 맺을 확률은 오프라인에 비해 3.5배, 자신의 개인정보를 타인에게 알려줄 확률은 2배가량 높았는데,[39] 이런 연구들을 보면 주로 온라인에서 활동하는 자해러는 오프라인에서 좀처럼 충족시키기 어려웠던 다양한 관계 맺음의 욕구를 해소하고 있는 것처럼 보이기도 한다.

자해하는 사람이 모두 온라인에서 적극적으로 활동하는 것은 아니지만, 일단 활동을 시작한 사람은 오프라인에서 말하지 못했던 정신건강 문제나 자해 문제를 털어놓게 된다. 이때 온라인에서 만난 친구들, 특히 자해를 하는 친구들은 보통 그저 지켜봐주거나 소극적으로 상대방을 걱정하는 행동을 보임으로써 자신은 상대방이 자해나 정신건강 문제를 드러냈을 때 거기에 놀라거나 경악하는 사람이 아니라는 것을 알려준다. 물론 이런 식의 태도가 도움이 되기도 한다. 특히나 처음 상호 신뢰 관계를 맺는 단계에서는 자해 자체를 너무 크게 문제시하지 않는 태도가 필수적이다. '깊은 마음 속 얘기'보다는 자해 자체에 관심이 있어 보이는 사람, 겉으로 드러나는 상처에 크게 놀라는 사람에게 누가 선뜻 도움을 요청하고 싶겠는가. 아마도 자기를 이해해줄 만한 사람이라고 느끼기는 어려울 거다.

반대로 다른 사람들이 으레 놀라거나, 하지 말라고 하거나, 싫어하는 행동을 못 본 척해주거나 그럴 수도 있다고 이야기해주고 자신과 비슷한 고통을 겪고 있다고 말하는 사람에게 친밀감을 느끼는 것은 당연하다. 이렇게 '자해 행동의 정상화'와 서로의 '증상'에 대한 공감이 바탕이 된 인터넷 커뮤니티는 실제로 가끔은 긍정적인 역할을 하기도 한다. 예를 들어 온라인에서 자해 관련 활동을 한 사람은 그 이전보다 사회적 지지를 더 많이 받는 것 같다고 했으며, 또 같은 자해러가 치료 정보를 주거나 같이 나아지자는 등의 치료 동기와 관련된 이야기를 했을 때 이를 신뢰하고 따르는 경향을 보였다.

하지만 자신을 이해해주는 이 가까운 사람들은 동시에 죽고 싶은 마음을, 자신이 절대 나아질 수 없다거나 자해나 자살만이 유일한 해결책이라는 믿음("죽는 수밖에 없다")을 이야기하는 이들이기도 하다. 이처럼 친밀한 관계 속에서 공유되는 자해 이미지나 자살, 죽음과 관련된 이야기들은 거의 규제가 불가능하며, 이 관계들이 결국 도움이 되는지 아닌지 이분법적으로 잘라 말하기도 어렵다. 물론 소셜 미디어에서 해시태그를 타고 번지는, 자해나 자살을 아름답게 그리는 이미지들을 전혀 규제할 필요가 없다는 것은 아니지만, 자해를 둘러싼 이런 복잡한 맥락은 '단순한 해결책은 없으며 다른 그리고 더 깊은 수준의 해결책이 필요하다'는 점을 알려준다. 자, 이제 사람들이 자해를 시작하고 지속하는 보다 핵심적인 이유로 들어가보자.

자해의 기능

2008년에 출간된 책《비밀 엽서》는 사람들이 저마다 자신의 은밀한 비밀을 적어 보낸 익명의 엽서를 모은 책이다. 들여다본 지 10년이 넘은 책이기 때문에 세부 내용은 기억나지 않지만, 가장 또렷하게 뇌리에 박힌 사연은 자해하는 내담자를 상담하면서 자기도 자해하고 싶은 욕구를 너무나 많이 느낀다는 어느 상담자의 이야기였다. 그때는 아직 심리학과 연을 맺지 않은 상태였기 때문에 그게 스스로에게 왜 충격적이었는지는 나중이 되어서야 깨달았다.

당시 나는 상담자나 정신과 의사같이 정신건강 영역에 종사하는 전문가는 정신건강에 큰 문제가 없으며, 더욱이 자해 욕구 같은 아주 은밀하고 어두운 소망은 이해할지라도 직접 겪지는 않는 사람이라고 여기고 있었다. 그러나 누군가를 치료하는 일을 하는 사람도 그런 욕구를 가질 수 있으며, 정신건강 영역에서 전문가가 된다고 해서 자해를 하고 싶은 욕구나 자해로 이어지게 만드는 모든 정서적인 고통에서 해방되는 것은 아님을 그 책을 통해 처음 알게 되었다. 돌이켜 생각해보면 나는 마치 엄마가 우는 모습을 처음으로 목격한 어린아이의 기분처럼 무언가 알아서는 안 될 것을 알게 되어버린 듯한 느낌을 받았던 것 같다.

그 책을 읽고 10여 년 후, 좀 더 개인적인 방식으로 그 엽서를 떠올리게 되는 일이 생겼다. 첫 책《우리는 자살을 모른다》를 출간한 뒤, 고맙게도 책을 읽어준 친구들이 여러 감상평을 보내주었는데 그중 유독 마음에 푹 꽂혀서 오래도록 곱씹어보게 되는 후기가 있었다. 책에서 자해와 관련된 부분을 읽었을 때, 경각심보다는 '그러면 자해가 좋은 것 아닌가?'라는 호기심이 들었다고 했다. 자해가 무엇인지 이해하도록 돕기 위해 자해의 기능을 설명할 수밖에 없었는데, 그 대목을 읽은 누군가가 그런 생각을 하는 것을 100퍼센트 막을 수는 없었을 것이다. 그러나 내가 뜨끔했던 이유는 따로 있었다. 혹시 내가 아직도 은 근히 자해를 갈망하거나 자해를 긍정적으로 바라보고 있는 것 일까? 그런 태도가 나도 모르게 글에 표현돼, 독자에게도 전달 된 걸까? 그 순간 나는 문득 비밀 엽서를 보냈던 그 상담자가 생 각났다. 전혀 모르는 사람이지만, 당신은 이 일을 어떻게 생각 하느냐고 묻고 싶었다.

누군가는 (그것이 정신건강전문가라도) 남몰래 자해를 갈망 한다는 사실은 감추기보다 드러내놓고 이야기할 필요가 있다. "도대체 왜 자해를 하느냐"는 질문에 답하려면, 자해를 하는 사 람에게는 그럴 만한 이유가 있다는 설명을 빼놓을 수 없기 때문 이다. 자해는 보편적인 인간 행동에 속하지는 않으며 분명 어느 정도는 병리적이지만 "미친 사람이나 하는" 짓은 아니며 세세 히 뜯어보면 그 배후에 납득할 만한 이유들이 있다.

더 자세히 설명하겠지만, 자해하는 거의 대부분의 사람이 정서적인 위안을 즉각적으로 얻기 위해 자해를 선택한다. 즉 자 해를 하는 사람이 근본적으로 어딘가 이상하거나, 망가졌거나, 정상적인 사람과 질적으로 다르지 않으며, 대개의 사람과 마찬 가지로 자신에게 이익을 주는 행동을 선택한다는 이야기다. 이들이 언뜻 보기에는 이해하기 어려운, 자해 행동을 하는 이유를 설명할 때 필요한 단어가 바로 자해의 기능이다.

자해라는 진통제

기능은 오해의 소지가 많은 단어다. 이 단어를 쓸 때마다 조금 망설이게 되는데, 혹시라도 자해의 긍정적인 측면을 강조하는 것처럼 들릴까 싶어서다. 심리학자들은 구체적으로 어떤 원리로 자해를 시작하고, 유지하게 되는지 설명하기 위해 중립적인 의미로 자해의 기능이라는 단어를 사용한다. 우선 전문가들의 설명을 살펴보기 전에, 비자살적 자해를 해보았거나 현재도 하고 있는 사람들이 일상적인 말로 풀어낸 자해의 기능을 들어보자.

그들은 자해의 기능을 설명할 때 '안정된다', '편안해진다' 같은 이완과 관련된 단어를 사용했다. 예를 들어 〈르비〉는 자신이 "항상 어깨에 힘을 주고 다니는 느낌"이었는데 자해를 하고 나면 "그게 풀려서 편안해진다는 느낌이 가장 컸"다고 말했으며, 〈재희〉는 "힘들 때, 그냥 혼자 엉엉 울고 나면 좀 멍하기도 하고 뭔가 쌓여 있던 게 조금은 없어지잖아요. (…) (자해를)

하기 전에는 머릿속에 먹구름이 잔뜩 끼어 있는 느낌이라면, 하고 나면 그게 다 비가 되어 내려가는 느낌"이라고 묘사했다. 또 다른 참여자 〈PP〉는 자신에게 자해가 어떤 의미인지 잘 모르겠다면서도 한편으로는 "답답한 게 좀 풀리는" 것 같은 느낌이 있다고 말했다. 〈한〉은 건강하게 스트레스를 푸는 법을 알 수 없었고, 남들이 한다는 방법들이 자신에게는 딱히 통하지 않았기 때문에 "온몸이 터질 것 같고, 그냥 뭐든 내 잘못같이 느껴지고, 숨이 막"히는 스트레스 상황에서 "자해가 유일하게 그 감각에서 벗어나게 해주는 방법이었으며 자해를 하면 즉각적으로 안정이 되"었다고 말했다.

이외에도 자주 등장한 표현들은 '살아 있는 느낌', '뭐라도 느낄 수 있다', '카타르시스'와 같은 표현이었다. 〈지아〉는 혼자서 자신의 감정을 주체할 수 없을 때, 자해를 하면 "내가 죽진 않았구나, 내가 살아는 있구나, 다행이다"라는 생각에 더 이상 감정이 악화되지는 않았다고 밝혔다. 또 〈PP〉는 기존에 커터칼을 사용하던 방식에서 담배 자국을 내는 것으로 잠시 자해 방법을 바꾼 일을 설명하면서 "확실히 해방감이 필요했던 거 같아요. 이런 고통은 뭔가의 클라이맥스잖아요. 카타르시스기도 하고"라고 말했다.

직관적으로는 잘 이해가 안 될 수도 있지만, 많은 사람이 자해를 한 직후에 그전까지 느끼던 부정적인 정서 및 그와 연관된 신체감각이 완화되거나, 긍정적인 신체감각 또는 정서가 나타나는 것으로 보인다. 몸에 내는 상처가 왜 그런 작용을 하는지는 뒤에서 자세히 설명하기로 하고, 지금은 어쨌든 자해가 그런 작용을 한다는 점을 일단 받아들이자.

만약 괴로운 정서 상태나 신체감각을 빠른 시간 내에 가라앉혀 주는 약이 있다면, 많은 사람이 그 약을 복용할 것이다. 어떤 사람에게 자해는 바로 그 진통제와 비슷한 역할을 한다. 다만 이 경우에는 진통제 복용에 득보다 실이 많고 부작용이 큰 것이 문제지만.

몸에 상처가 났는데 왜 편안해질까

자해의 기능을 설명하는 여러 이론 중, 폭넓은 지지를 받은 '4요인 이론'은 2000년대 초반에 등장했으며,[40] 이 네 가지 요인은 이후 '2요인 이론'으로 통합됐다. 이 이론은 기본적으로 자해의 기능을 개인이 경험하는 정서적·인지적·감각적 측면 등의 개

인 내적 기능intrapersonal과 대인관계에서의 영향을 뜻하는 사회
적 기능interpersonal으로 나누어 설명한다.

먼저 개인 내적 기능은, 자해로 개인이 긍정적인 기분이나
감각을 경험하거나 그 전까지 경험하던 부정적 정서가 완화되
는 것을 말한다. 자해를 하는 사람의 생각과 정서, 행동을 두 시
간 간격으로 측정해 기록한 연구 결과를 보면, 자해 직전에 부
정적 정서와 생리적 각성을 경험한 경우가 많았다. 그러나 자해
를 한 직후에는 '화가 난', '불안한' '압도되는 것 같은'과 같이
높은 각성을 일으키는 부정적 정서는 감소하는 경향이 있었다.
또한 자해 후에는 '안심', 편안한', '흡족한'과 같은 저각성 긍정
정서('설렘', '쾌감', '흥분' 등 생리적 각성이 동반되는 것과 달리 신체적
이완을 가져다주는 긍정적인 정서)를 느끼는 경향이 관찰되었다.[41]

자해의 정서 조절 기능은, 오늘날 사람들이 자해를 지속하
는 데 핵심적인 역할을 한다고 볼 수 있다. 자해의 기능을 연구
한 결과, 앞서 말했던 사회적 기능과 개인 내적 기능 중 후자가
자해를 유지하도록 하는 주요 요인이었는데, 비율 상 약 세 배
정도 차이가 났다.[42] 즉, 빈도를 따져보았을 때 대인관계에서 영
향을 받거나 대인관계에 영향을 미치기 위한 목적보다는, 자신

의 고통스러운 감정을 조절하는 수단으로서 자해를 선택하는
경우가 훨씬 많다는 이야기다.

	부적 negative	정적 positive
개인 내적 기능	불쾌한 정서적 또는 인지적 상태를 제거하거나 감소시킴.	원하는 정서적 또는 인지적 상태를 발생시키거나 증가시킴.
사회적 기능	불쾌한 사회적 사건을 제거하거나 감소시킴.	원하는 사회적 사건을 발생시키거나 증가시킴.

자해의 기능

나는 몸이 다치는 것을 꽤 두려워하는 편인데, 그래서인지
영화나 인터넷 등에서 우연히 칼, 상처, 부상, 피와 같은 이미지
를 접하면 소름이 쭉 끼치면서 '징그럽다'는 느낌이 들어 눈을
감거나 얼른 다른 페이지로 넘겨버린다. 사실 나처럼 부상, 상
처, 상해와 관련된 여러 자극을 접했을 때 불쾌함을 느끼는 것
은 정도의 차이는 있지만 많은 사람에게서 보편적으로 나타나
는 현상이며, 이러한 기제는 위험을 피하고 안전을 꾀하는 데
상당히 도움이 된다. 인간이 자신이나 타인의 상해에 아무런 불

쾌감도 느끼지 못한다면 무슨 일이 일어나겠는가.

그래서 유익과 장벽 이론에서는 수많은 사람이 자해를 선택하지 않거나 호기심에 한 번쯤 해봤다가도 반복적으로는 하지 않는 까닭 중 하나로 상해와 관련된 자극을 접했을 때 느껴지는 즉각적 불쾌감을 든다. 그러니 상해와 관련된 자극을 힘들어하는 사람이 '자해가 정서 조절에 도움을 준다'는 측면을 이해하려면 조금 더 긴 설명을 들어야 한다. 이 주제를 한 문장으로 요약하자면 이렇다. 몸에 상처가 났는데 아파야지, 왜 편안해져?

오라, 달콤한 고통이여

지금은 그런 짓은 하지 않지만, 그 감각은 여전히 기억하고 있었다. 몸과 벽이 부딪칠 때의 둔탁한 만족감, 꿈쩍도 하지 않는 뭔가에 몸을 집어 던질 때의 끔찍한 쾌감을.

자기가 뭘 하고 있는지 깨닫기도 전에 벽돌담에 몸을 던졌다. (…) 자신이 한 짓에 대해 스스로 벌을 내리고 있었다. 그러고 나면, 장거리 질주를 하고 구토를 한 것처럼 기분이 나아지고 힘이 났고, 방으로 돌아갈 수 있었다.

이 문장들은 비자살적 자해를, 보는 사람이 다 고통스러울 만큼 본격적으로 묘사한 한야 야나기하라의 소설《리틀 라이프》에서 인용했다. 이 소설에는 일일이 세어보기도 어려울 만큼 무수히 많은 자해 장면이 등장한다. 고통이 비록 끔찍하지만 쾌감으로 느껴질 수 있다고, 또 고통을 통해 기분이 나아지고 힘이 날 수 있다고 묘사한 이런 구절들을 보면 자해와 고통에 관한 많은 연구 결과들이 떠오른다.

자살의 유익과 장벽 이론을 제안한 연구자들은《리틀 라이프》의 주인공 주드와 같은 상습적으로 자해를 하는 사람뿐 아니라 거의 대부분의 사람이 자해 뒤에 기분이 나아지는 효과를 경험할 수 있다고 말한다. 다만 이는 고통 자체보다는 고통이 사라지면서 생기는 고통 상쇄 효과^{pain offset relief} 때문이다.[43]

일반적으로 상처가 나면 아프고, 아프면 불쾌한 기분이 든다. 이때 느끼는 불쾌한 기분은 최대한 상처 입을 일을 피하도록 하는 역할을 한다. 역으로 통증을 일으키는 불쾌한 자극이 사라지면 기분이 나아지는데 이것이 바로 고통 상쇄 효과다. 몸에서 통증이 사라졌을 때 기분까지 나아지는 이유는 육체적 고통과 심리적 고통을 처리하는 뇌 부위가 상당 부분 겹치기 때문이다. 고통 상쇄 효과를 연구하는 연구팀은 신체에 고통을 일으

키는 불쾌한 자극이 사라질 경우 고통을 경험하기 전의 '원 상
태로' 돌아가는 게 아니라 짧지만 매우 강력한 '안정' 상태를 경
험할 수 있다는 점에 주목했다. 연구진은 고통 그 자체보다, 고
통을 주는 자극이 '사라질 때' 찾아오는 위안이 자해를 지속하
도록 하는 메커니즘이라고 말한다.

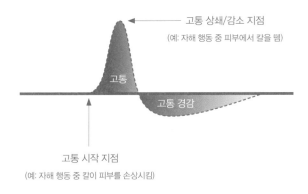

고통 상쇄 효과[44]

이런 이론은 진화론적 시각에서도 납득이 간다. 고통이 사
라지는 게 위안을 얻는 효과와 연결되어 있다면 사람들은 어서
고통을 없애려고 할 테고 그게 생존과 진화에 도움을 줄 테니

까. "고통 → 싫어!" "고통 사라짐 → 좋아!" 단순하지만, 강력한 공식이다. 생존에 많은 도움을 주기 때문인지 고통 상쇄 효과는 인간뿐 아니라 다른 포유류 종에게서도 자주 관찰된다.

그런데 어떤 사람은 고통의 제거가 아니라 고통이 시작되는 순간 기분이 나아지는 효과를 경험한다. 바로 자기 자신을 싫어하고 수치스러워하고 자신이 벌을 받아 마땅한 사람이라고 느끼는 사람, 하루 24시간을 그런 상태로 지내지는 않더라도 어떤 계기가 생기면 자기를 혐오하는 감정에 발목이 잡히는 사람이다.

벌을 받아 마땅한 나

자기비판 수준이 높은 사람과 높지 않은 사람이 부정적인 정서 상태에 놓였을 때 고통에 어떻게 반응하는지 비교한 실험을 살펴보자.[45] 연구진은 전년도에 한 해 동안 자해한 경험이 있는 사람을 모집한 뒤, 부정적인 정서를 유도하기 위해 과거에 실패했거나 스스로에게 실망했던 일을 떠올려보도록 했다. 그 뒤 참가자들은 점진적으로 센 압통을 주는 장치에 손가락을 넣었으며, 20초 간격으로 현재의 정서를 기록했고, 처음으로 고통을 느낀 순간과 더 이상 참을 수 없다고 느낀 순간을 연구진에게 알렸다.

이 실험의 결과는 그래프와 같다. 그래프상 점수가 높을수록 더 높은 수준의 부정적인 기분을 느끼고 있다는 뜻이며, 점선은 낮은 수준의 자기비판을 보인 사람, 실선이 높은 수준의 자기비판을 보인 사람의 데이터다.

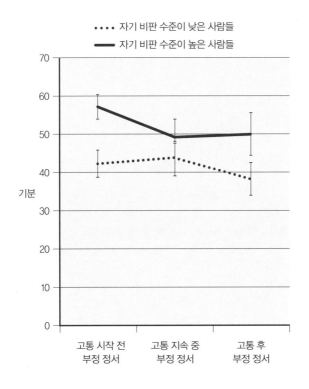

자기 비판 수준과 부정적 정서의 관계

먼저 낮은 수준의 자기비판을 보였던 집단은 고통이 주어지기 시작하면 아주 약간 더 불쾌한 기분을 느꼈으며 고통이 사라지면 기분이 나아지는 양상을 보였다. 반면 높은 수준의 자기비판을 보였던 집단은 고통을 느끼는 실험 중에 기분이 나아졌으며 고통을 느끼는 동안과 고통이 끝난 뒤 부정적인 기분을 느끼는 정도에 차이가 거의 없었다. 즉 자기비판을 많이 하는 사람은 고통 자체에서 정서적인 위안을 얻었다는 뜻이다. 이 연구 결과를 보고 나는 〈지아〉와 〈PP〉가 인터뷰 중 했던 말을 떠올렸다.

제가 저질렀던 어떤 무지한 짓이 있어요, 그러면 피해자가 있겠죠? 그러면 그 죄 때문에 제가 지금 벌을 받는다, 그런 생각을 했어요. 너 벌받는 거야…. 제가 알아채지 못하더라도 저 때문에 상대방이 힘든 순간도 있었을 거 아녜요. 스스로 그 일에 벌을 준다고 생각한 거예요. <지아>

가장 최근에 자해를 한 건, 장학금을 날렸을 때요. 그게 속상해서 (…) 음, 제가 너무 가치 없다는 생각이 주요인이었어요. 그리고 장학금이 날아갔단 사실을 안 뒤에 엄마랑 잠깐 대화를 나눴는데 계속해서 엄마가 나를 이해하지 못한다는 느낌이 들었어요. 엄마는 제가 엄마한테 화난 줄로 오해하더라고요. 전 엄마한테 화난 게 아니라 저 자신한테 화가 난 거였는데…. 그것도 짜증이 났어요. 절 이해해주지 않으니까. (…) 그냥, 너무… 실패한 것 같았어요. 그냥 제 자신이 싫었어요. <PP>

사람은 누구나 자신에게 걸맞은 대접을 받고 싶어 하며, 자기가 생각하기에 분에 넘치는 대우를 받거나 못한 대접을 받으면 개운치 않아 한다. 이런 경향을 생각한다면, 스스로를 정말로 싫어하게 되는 순간이나 타인에게 피해를 주었거나 자신이 실패 덩어리라고 느껴지는 순간에는, 고통을 마땅히 겪어야 할 것으로 생각할 수도 있다.

적당한 정도의 자기 호감을 유지하고 있는 상태라면 인간은 자연스럽게 스스로를 지키기 위해 노력할 수 있다. 그러나 자기 호감이 바닥을 치고 있는 상태 혹은 스스로를 비난하는 마음이 너무나 강력해진 상태에서는, 자신을 돌보거나 지키기 위해 무언가를 한다는 옵션은 전혀 고려 대상이 되지 못한다. 심지어 스스로 벌을 받아 마땅한 존재라고 생각하거나 스스로를 해치는 것과 관련된 생각을 더 잘 받아들이게 된다. 실제로 스스로에게 느끼는 분노나 자기 처벌 욕구는 자해를 시작하는 가장 흔한 원인 중 하나다.[46, 47] 자기를 비판하고 싫어하는 사람은 자기 보호의 방패를 내리고, 고통을 가하며 "나는 이런 고통을 받아 마땅해", "나는 벌을 받아야 해" 같은 식으로 나름의 의미와 위안을 찾는다. 이러한 이유에서, 연구자들은 '자기를 긍정적으로 바라보는 것' 그리고 자해 당시에 느끼는 신체적인 고통이 자해를 선택하거나 지속하지 않도록 하는 중요한 장벽이라고 이야기한다.

여길 좀 봐줘요

자해를 할 때 염두에 둔 대상이 자기가 아니라 타인인 경우도 있을까?

온라인으로 비자살적 자해에 관한 인터뷰 참여자를 모집하면서 나는 참여 의사를 밝힌 사람들에게 사전 설문조사를 실시했다. 마지막에, 앞 문항에서 미처 다루지 못한 내용이 있다면 적어달라는 말을 의례적으로 남겼는데, 유달리 내 눈길을 잡아 끈 말을 적어놓은 참여자가 한 명 있었다.

아주(×10) 조금은 관심 받고 싶어서, 관심이 필요해서(돌봄받고 싶어서)일지도 몰라요.

아주(×10)에서 느껴지는 조심스러움. 〈고마워〉라는 별칭을 사용한 이 참여자는, 처음으로 자해한 순간을 이렇게 설명했다.

학교에서 교장 선생님이랑 상담할 일이 있었어요. 교무실에서 도난 사건이 있었는데, 제가 그날 교무실에 갔었거든요. 제가 한 건 아니었고요. 근데 교장 선생님은 제가 아닐까 하고 의심을 하는, 그런 상황이었어요. 계속 몰아가듯이, 압박을 주니까⋯ 그때 정말 죽고 싶단 생각을 했어요. (⋯) 근데 그때, 목에 걸고 있던 학생증이 집게로 고정하는 형태였거든요. 그래서 학생증은 꺼내서 주머니에 넣고, 날카로운 집게 끝부분으로 계속 그었어요. 아 진짜 싫다, 나가고 싶다, 나가고 싶다, 이러면서. 근데 교장 선생님이 "너 뭐해?"라고 하셔서⋯ 그냥 "아, 아무것도 아니에요"라고 대답했어요. (⋯) 그때 당시 되게 여러 마음이 들었던 것 같아요. 중2병이라고 할지도 모르겠지만 스트레스나 자기혐오감, 그런 것도 있었고요. 억울함. '난 전혀 관련이 없는데 왜 이러고 있지?' 하는. 그러면서, 이런 상황 말고 사랑받는 상황에 있고 싶다. 지금 생각해보면, 자해하면 남이 걱정해

주지 않을까 하는 그런 마음도 있었던 것 같고, 이상한 행동을 하면 빨리 내보내주지 않을까? 하는. <고마워>

당시 <고마워>는 온라인에서 친하게 지내던 지인들에게 본인으로서는 이유를 알 수 없는 거절과 공격을 당하며 힘들어하던 시기였는데, 온라인 관계의 특성상 다른 사람들에게 힘든 일을 겪고 있다고 말할 수 없어서 혼자서 끙끙 앓는 중이었다. 그러다 교내 도난 사건의 범인으로 의심받게 되자 스트레스가 임계치를 넘어섰고, 이날 <고마워>는 처음으로 자해를 선택했다. 이 사건 이후 <고마워>가 했던 자해는 정서 조절 목적에 가까웠지만, 여기서는 첫 자해에 초점을 맞춰보자.

도움 요청의 신호

<고마워>의 말에는 다양한 정서적 스트레스와 함께 누군가가 자신의 힘든 점을 알아봐주었으면 하는 마음, 곤란한 상황에서 빨리 빠져나오고 싶은 마음이 드러나 있는데, 이는 자해의 기능 중 사회적 기능 그리고 "자신의 힘이나 심리적 고통을 전달할 수 있다"는 자해의 유익과 관련이 있다. 즉 부정적인 형태더라

도 다른 사람의 관심을 얻거나 다른 사람에게 내가 얼마나 힘들고 절박한지 알리기 위해, 타인의 행동을 변화시키기 위해 자해를 하는 것이다.

연구에 따르면, 자해하는 사람 중 약 10~13퍼센트 가량은 누군가가 자신의 고통과 힘듦을 알아주었으면 하는 마음이었다고 응답했다. 이때 자해는 충격 요법에 가깝기는 하지만 명백한 의사소통의 수단이며, 임상전문가들이 말하듯 도움 요청의 신호 cry for help다.

앞에서도 잠깐 다루었지만, 자해를 하는 사람은 흔히 대인관계 문제를 겪는데 이들은 자해를 하지 않는 또래에 비해 사회적 기술이 부족한 경향이 있으며, 갈등도 더 많이 겪는다.[48, 49] 그런데 변호를 하자면, 자해와 부정적 대인관계가 높은 상관을 보이게 된 데에는 자해를 하는 사람이 처한 환경이 지금껏 이들에게 우호적이지 않았던 탓도 일부 있다. 일반적으로 자해를 하는 사람의 가족은 그렇지 않은 사람의 가족보다 덜 수용적이며, 더 많은 갈등을 겪고, 서로에게 비판적인 경향이 있다.[50] 또한 이들은 학대를 받거나 따돌림을 당하는 것과 같이 대인관계에서 트라우마를 겪었을 가능성이 더 높은데, 이 경우 타인과 다시 애착관계를 맺는 일이 당연히 어려울 수밖에 없다.

'타인에게 도움을 요청하는 일'은 어린 시절부터 실패를 거듭하고 주변의 도움을 얻어가며 습득해야 하는 고난이도의 사회적 기술이다. 대인관계에서 트라우마를 경험한 사람은 이렇게 섬세한 사회적 기술을 익힐 기회를 박탈당했을 가능성이 높다. 이로 인해 이들은 자신이 무언가를 말했을 때 그것이 한 번에 받아들여지리라는 기대를 하지 못하며, 자신이 원하는 것을 명확히 밝혀 도움을 요청하는 일에서도 요원해진다. 그럼에도 절박하게 도움이 필요할 때, 타인의 관심을 끌고 문제가 있음을 드러내는 수단으로 자해를 선택했을 수 있다.

이런 '충격 요법'은 주변 사람들에게 깊은 인상을 남기는데, 부정적인 반응을 보이는 사람도 많지만 운이 좋으면 〈지아〉처럼 관심을 보이고 걱정하고 챙겨주는 등 긍정적으로 반응하는 사람을 만나기도 한다.

하루는 어떤 친구가 저한테 우는 표정으로 다가오는 거예요. 그래서 "왜? 왜?" 하니까 제 손목을 감싸 안으면서 "이거, 안 하면 안 돼? 그만 아프면 안 돼?"라고 울면서 얘길 하는데, 그때 딱

머리를 뎅 하고 맞은 느낌이었어요. 그때부터…, 음. 말리는 사람이 있고 말리는 방법이 제 마음에 와 닿으면, 그때부턴 자해하고 싶을 때 그 생각을 떠올리면서 자해를 안 하려고 했던 것 같아요. (…) 제가 자해하는 거 제 친구들은 다 알고 있었어요. 학년 말에 롤링페이퍼를 했는데 '네가 지금 힘든 일을 겪고 있지만 이걸 이겨내고 더 좋은 사람이 될 거야'라든가 '그만 아프자'라든가 이런 말들이 적혀 있더라고요. 그때 '아, 애들이 내가 아프지 말았으면 좋겠다고 생각하는구나. 그러면, 그만 아프자'라는 생각이 들었어요. <지아>

다행히도 〈지아〉의 경우에는 주변의 관심이 자해를 그만두고 싶은 마음으로 이어졌다. 그러나 모든 사람들이 〈지아〉와 같은 생각을 하는 것은 아니다.

자해가 대인관계에 미치는 영향

비록 처음에는 고통스러운 마음을 조절하고 싶어서 자해를 시작했다고 해도 자해를 반복하면 할수록 자살 위험성이 증가하는 등 의도하지 않았던 문제가 생겨나는 것처럼, 타인에게 영향을 끼칠 목적으로 자해를 지속하는 것 또한 장기적으로는 관계에 악영향을 미칠 위험이 높다.

예를 들어 여성 청소년을 대상으로 했던 한 연구에서는, 다른 많은 연구처럼 대인관계에서 겪는 스트레스가 자해에 영향을 미친다는 것을 규명한 것에 더해 그 반대 또한 참이라는 것, 즉 자해가 이후 대인관계에서 스트레스를 주는 사건이 일어날 가능성을 높인다는 것을 밝혀냈다.[51]

또 다른 연구에서는 참가자들에게 매일 느끼는 자해 욕구 수준과 주변 사람들에게 지지를 받고 있다고 생각하는 정도, 대인관계에서 나타나는 갈등을 기록하게 했다. 연구 결과, 다른 사람에게 자신의 자해 행동을 이야기한 경우, 보다 많은 지지를 받고 있다고 느끼기는 했다. 그러나 이러한 경향성은 다음 날 더 많은 자해 욕구를 느끼고 자해할 위험을 높이는 결과로 이어졌다.[52] 뿐만 아니라 자해 사실을 다른 사람에게 밝힌다고 해서 대인관계의 갈등이 줄어들지도 않았다. 즉 자해를 한다고 해서 실제로 해결되거나 달라지는 것이 없거나 혹은 더 많은 갈등에 빠질 위험이 있는데도, 자해로 인해 관심이나 지지를 받는다는 순간적인 느낌 때문에 더 자주 자해를 하는 악순환에 빠질 우려가 있다는 것이다. 주변에 자해 사실을 말하지 않은 경우에는 이러한 현상이 발견되지 않았다.

〈지아〉가 주변 사람들이 자신을 걱정한다는 사실을 알게 된 뒤 '그렇다면 그만 해야겠다'고 생각한 이유는 〈지아〉에게 친밀감이나 호감을 표현하는 기술, 타인의 호의나 걱정을 받아들일 만한 능력 등 여러 심리적 자원이 있었기 때문이지, 자해가 주변 사람들의 사랑과 관심을 이끌어내는 데 효과적인 수단이었기 때문은 아니라는 얘기다.

정서 조절이 목적이든, 타인에게 자신의 고통을 알리고 싶어서든, 자신을 처벌하고 싶었든, 이유가 무엇이든 자해는 어느 정도는 힘든 상황에서 벗어나려는 시도다. 그러나 대부분의 자해는 목적과 다르게 상황 악화로 이어진다. 비용 대비 효율의 측면에서 자해는 대단히 효율이 떨어지는 선택이다. 이렇게 말하면, 어떤 사람은 이런 "비효율적인" 선택을 한 사람들을 향해 미성숙하고 바보 같은 존재라고 힐난할 수도 있겠다. 그러나 뒤에서 밝힐 여러 가지 이유로, '그래서는 안 된다'.

우리는 어떤 행동을 선택하는 데 개인의 '온전한 자유의지'가 반영된다고 생각한다. 그러나 삶이 마음대로 되지 않을 때의 상황이 보통 그렇듯, 선택의 폭 자체가 좁아져 있는 경우도 존재한다. 정신건강 서비스를 접하기 어려운 환경에서 자라는 사람도 있고, 아동기에 반복적인 폭력이나 학대에 노출된 사람도 있다. 다른 사람보다 정서 기복이 더 심한 기질을 안고 태어나는 사람도 있다. 누군가는 상황을 극복하고 더 좋은 선택을 하는 일도 가능하겠지만, 그렇게 하지 못하는 사람도 분명 있으며 그들을 비난할 수만은 없다.

다음 장에서는 자해의 장벽이 낮아져 그 유익이 더 가까워지게 되는, 선택의 폭이 좁아져 있는 여러 상황을 살펴보겠다.

3

쥐고 태어난 과자 깡통

우리의 선택은 얼마나 자유로운가

선택이 과연 얼마나 진짜로 자유로운지를 생각할 때 늘 떠오르는 대사가 있다. 내 마음속 한국 만화 명예의 전당에서 약 15년째 왕좌를 지키고 있는 윤지운 작가의 작품《디어 왈츠》8권에 나오는 대사인데 적당히 요약하자면 이렇다.

"사람마다 쥐고 태어난 과자 깡통의 내용물이 다 다른 법이야. 왜 그걸 몰라? A, B, C, D 다 적당히 골고루 든 인생이 제일 좋을 수도 있지. 하지만 애석하게도 우리가 가진 깡통은 그렇지 못하다 이거야. 너는, 말하자면 C를 가지고 싶어진 거겠지. B를 하나 덜어내고 C로 채우고 싶다, 그거 아냐? 하지만 그게 생각대로 될 거 같아? 그 과자라는 건 사슬처럼 모조리 길게

엮여 있는 거거든. 하나를 빼내려다간 나머지도 왕창 주저앉는 법이야."

사실 이 대사는, 재벌까지는 아니고 그 아래 수준쯤 되는 애매한 기업가 가문의 장남이 잘 알려지지 않은 B급 연예인과 결혼하려고 하자 동생을 다른 기업가의 딸과 결혼시킬 계획이었던 누나가 '그 결혼 하면 우리 집안이 망한다'는 취지로 늘어놓은, 다소 악의적인 연설이다. 누나의 취지에 비해 표현이 우아한 것 같기는 하지만, 어쨌든 누나의 대사 '줄줄이 엮인 과자 깡통'은 선택의 폭 자체가 제한적인 상황을 이르는 훌륭한 은유다.

우리는 보통 자신이 외부 상황의 영향 없이 스스로의 의지로 선택한다고 믿고 싶어 하고, 또 무언가를 선택하면 곧바로 결과로 이어지리라고 기대한다. 그게 사실일 때도 있으며, 또 그런 태도는 정신건강에 어느 정도 도움이 된다. 자신의 노력으로 상황을 어느 정도 바꿀 수 있다고 믿어야 희망을 가지고 노력을 할 것이 아닌가.

그러나 한 가지 선택이 다음 선택의 폭에 영향을 미치고, 그것이 또 그 다음 선택의 폭에 영향을 주어, 시간이 흘렀을 때 결국 어떤 사람은 A, B, C 중에서 선택을 하게 되고, 어떤 사람은 G, H, I 중에서 선택하게 되는 연쇄 고리도 분명히 존재한다. 그러니 한 사람의 상황을 더 잘 이해하기 위해서는 '애초에 쥐고 태어난 과자 깡통'의 문제를 들여다보아야 한다.

유전과 아동기 학대 경험

안타까운 일이지만, 정신건강 분야에도 재산이나 신체적 건강, 학력 등 다른 많은 분야와 마찬가지로 '애초에 쥐고 태어난 과자 깡통'이라고 부를 만한 요인들이 있다.[53] 이러한 요인들은 정신건강 문제가 발생하거나 악화되는 일에 아주 절대적인 영향을 미치지는 않지만, 분명 어떤 사람에게는 유리하거나 불리한 특정한 조건을 형성한다.

대표적으로 알려져 있는 취약성 요인인 유전을 생각해보자. 유전에 영향을 받는 정도는 정신질환마다 서로 다르지만, 약 350만 명 이상을 상대로 실시한 대규모 연구를 살펴보면 연구 대상이었던 모든 정신질환(조현병, 조현정동장애, 양극성장애(조울증), 우울장애, 불안장애, ADHD, 약물 및 알코올 남용) 및 폭력 범죄에 유전적 요인이 영향을 주는 것으로 나타났다. 각 질환은 약 10퍼센트(ADHD)에서 36퍼센트까지(약물남용) 유전적 요인으

쥐고 태어난 과자 깡통

135

로 설명되었다.[54]

이에 더해 증상이나 병명이 달라도 유전적으로는 공통점을 가지고 있다는 연구 결과도 존재한다. 각종 정신질환 및 치매 등 포괄적 뇌 질환brain disorder 환자 26만 명 이상과 특별한 뇌 질환이 없는 사람 78만 명 이상이 포함된 대규모 유전 연구[55]에서, 총 25종류의 질환을 분석한 결과, ADHD와 우울장애, 양극성장애, 조현병 사이에 공통적인 유전적 영향이 존재하는 것으로 나타났다.

그러나 당연한 이야기지만, 어떤 사람이 특정 질병을 일으킬 만한 유전적 위험이 있다고 해서 반드시 그 질병에 걸리는 것은 아니다. 당뇨에 취약한 유전자를 타고난 사람도 (물론 유전적 취약성이 없는 사람보다 더 많은 노력이 필요하겠지만) 적절한 식단과 운동으로 혈당을 잘 조절하면 병을 피해가거나, 발병 시기를 늦추거나, 발병했더라도 증상을 잘 관리할 수 있다.

정신건강도 마찬가지다. 타고난 유전적 취약성을 지닌 사람은 많지만, 여러 환경적 요인에 따라 어떤 사람은 정신질환에 걸리지 않고 살아간다. 다만 여기서 까다로운 문제는 태어난 국가의 전반적인 경제 수준이나 치안 상태, 전쟁이나 대규모 재난 발생 유무, 살면서 경험하는 빈곤, 실직, 따돌림, 사회적으로 소수자 정체성을 가지는 것 등 유전적 취약성을 발현시키는 환경적 요인이 무수히 많다는 것이다.

그래도 연구자들은 이들 중 특히 위험성이 높은 몇몇 요인을 추려내는 데 성공했는데, 그중 하나가 바로 '아동기의 부정적 경험이나 학대'다. 아동기의 부정적 경험은 어떤 특정 질환이 아니라 정신건강 전반에 영향을 미치며, 더 나아가 심혈관계 질환, 각종 면역계질환 등 신체 건강에도 포괄적인 영향을 준다고 알려져 있다.[56]

그런데 이런 이야기는 정말 새삼스러울 것이 없다. 현대사회에서 학대를 포함한 아동기의 부정적 경험이 이후 정신건강 문제 발생 위험을 높인다는 것을 모르는 사람은 별로 없다. 드라마, 만화, 영화 등 대중 매체에서는 어린 시절 당한 학대의 영향으로 범죄를 저지르거나 우울증에 걸렸다는 설정의 캐릭터가 심심찮게 등장한다. 또 사람들은 정신건강 문제의 원인을 설명할 때 흔히 어린 시절의 가정환경이나 학대 경험 등을 끌어다 설명하고는 한다. 꼭 아이가 없더라도, 누구나 아이를 사랑과 이해로 키워야 하며 부모에게서 받은 상처가 아주 오래 간다는 점은 상식으로 알고 있다. 이러한 상식 덕에 오늘날의 양육자들은 혹시나 잘못된 양육법으로 아이에게 문제가 생기지는 않을지 전전긍긍하기도 한다. 물론 이러한 상식적인 생각들은, '생애 초기의 학대 경험은 개인이 가지고 있는 다른 취약성 요인과 상호작용해 아동, 청소년, 성인기 등 전 생애에 걸쳐 정신 병리 발생 위험성을 높인다'는 식의 구체적인 문장의 형태를 띠지는 않지만, 어쨌든 과학적 사실과 상식이 공통적으로 가리키고 있는 방향은 얼추 비슷하다.

'아동기 학대는' '안 좋은 영향을 줘'.

그런데, 대체 왜 그럴까?

왓슨 시대와 헝겊 원숭이 시대

잠시 시계를 돌려, 소위 전문가들이 아이를 너무 사랑해서는 안 되며 심지어 해가 된다고 주장하던 시대로 돌아가보자.(그런 시대가 있었다!) 짧은 시기였지만, 이 시대는 이후에 등장할 많은 애착 이론에 커다란 영향과 통찰을 가져다주었다. 바로 인간과 동물의 거의 모든 행동을 '자극-보상(또는 처벌)'으로 설명 가능하다고 믿었던 행동주의의 시대다.

존 왓슨John B. Watson*은 "나에게 건강한 12명의 아이와 그 아이들을 자유롭게 기를 수 있는 환경을 제공해달라. 그러면, 그 아이들 중 한 아이를 무작위적으로 골라 내가 원하는 것은 무엇이든 되도록 훈련시킬 수 있다. 의사, 법률가, 예술가, 실업가,

심지어는 거지, 도둑까지도 길러낼 수 있다"는 말로 유명한 행동주의의 거장이다. 그는 한참 활동하던 당시 《영유아의 심리적 돌봄 Psychological care of infant and child 》이라는 제목의 육아서를 펴냈다. 어떻게 하면 영유아를 마음이 건강한 아이로 자라게 할 것인지를 다룬 책이었는데, 여기서 왓슨은 이렇게 썼다.

행복한 아이란 (…) 환경에서의 작은 어려움쯤은 엄마아빠한테 달려가지 않고 혼자 극복하는 법을 빨리 배우고, (…) 관심을 달라고 보채지 않으면서 어른 옆에 있을 수 있는 (…) 아이다.

행복한 아이라는 개념이 현대와는 다소 다른 듯하다. 21세기를 살아가는 사람의 관점에서 보았을 때 가장 놀라운 부분은

* '리틀 앨버트 실험(little albert experiment)'을 진행한 그 왓슨 맞다. 다양한 동물에게 호기심을 보였던 불쌍한 생후 11개월의 아기, 앨버트에게 흰 쥐를 보여주고 아기가 관심을 보이며 만지려고 하면 큰 소음을 내서 깜짝 놀라게 했다. 그 후 앨버트는 그 전에는 잘 만지고 놀았던 흰 쥐를 보기만 해도 울음을 터뜨리는 등 공포심을 드러냈다. 이 실험을 통해 왓슨은 적절한 보상-처벌을 주면 인간의 행동도 '만들어낼 수 있음'을 보여주려 했다.

3장인데, 3장의 제목은 〈지나친 모성애의 위험^{The dangers of too much} mother love〉다.

여기서 왓슨은 자녀가 감정적으로 너무 의존하는 걸 막기 위해 "절대 아이를 무릎에 앉히지 말고, 껴안거나 뽀뽀해주지도 말라. 만약 꼭 뽀뽀를 해줘야만 한다면, 잘 자라고 말할 때 이마에 한 번 해주어야 한다"고 했다. 이 책은 출간 첫 해에만 5만 부가 팔려나가며 선풍적인 인기를 끌었다.

접촉 위안

오래지 않아 행동주의자들의 이러한 견해를 정면으로 반박하며 애착의 중요성을 강조하는 이론과 연구들이 부상했는데, 그 중 하나가 '철사 엄마 원숭이, 헝겊 엄마 원숭이' 연구다. 이때 연구 대상으로 삼은 붉은털 원숭이^{Rhesus monkeys}는 열정적으로 관계를 맺고 사는 대단히 사회적인 동물로, 특히 모자간의 양육 행동이나 친구들과의 놀이, 경쟁 행동 등이 인간과 매우 유사하다고 알려져 있다.

최초에 이 실험을 계획한 미국 위스콘신대학교의 심리학과 교수 해리 할로^{Harry Harlow}는 당시 원숭이의 호기심에 관한 실험 등 여러 연구를 진행하고 있었는데, 원숭이가 수입해야 하는 동물일뿐더러 매우 비싸서 골머리를 앓았다. 게다가 때로는 원숭이들 사이에서 전염병이 돌기도 했으며, 건강 상태가 대단히 좋지 않은 원숭이도 많았다.

이 상황을 타개하기 위해 할로는 매우 대담하게도 원숭이를 길러서 자급자족하기로 했다. 그리고 무수한 난관을 거쳐 태어날 새끼 원숭이들을 감염 없이 '건강하게' 키우기 위해 태어나자마자 어미 원숭이에게서 떼어내 분유를 먹여 키웠다. 위생과 전염병에 매우 신경 썼기 때문에 이 새끼 원숭이들은 온갖 고난의 행로를 거쳐 수입된 원숭이들보다 신체적 건강은 양호했다. 그런데 할로가 보기에 이 원숭이들은 "확실히 질병은 없는" 상태였지만 "괜찮다"고 하기엔 석연치 않은 구석이 있었고, 심지어는 조금 우울해보이기까지 했다.

그러던 어느 날, 연구실 울타리 안쪽에 깔아놓았던 천 기저귀에 새끼 원숭이들이 한결같이, 필사적으로, 마치 그 기저귀가 생명줄이라도 된다는 듯 매달리는 모습을 보게 된다. 이때 할로는 원숭이에게 천으로 된 '대리모'를 만들어줘야겠다고 생각하게 되었다.

실험의 논리와 결과는 단순하면서도 충격적이다. 할로는 새끼 원숭이들에게 두 유형의 '대리모'를 제시했다. 한쪽은 먹이(우유)를 주는 철사 대리모, 다른 한쪽은 먹이를 주지는 않지만 부드러운 촉감과 안길 곳을 제공하는 헝겊 대리모였다. 만약 왓슨을 비롯한 행동주의자들이 주장했듯 어머니와 아이의 관계가 '자극-보상'으로만 이루어진 것이라면, 새끼 원숭이들은 직접적 보상이 되는 '먹이'를 주는 존재를 가장 사랑할 것이다 (당시의 많은 동물실험에서 가장 흔하고 강력한 보상으로 사용되는 것이 바로 먹이였다). 과연 새끼 원숭이들은 어느 쪽을 더 좋아했을까?

새끼 원숭이들은 헝겊 대리모에게 매달리고, 안긴 채 대부분의 시간을 보내려고 했다. 배가 고프면 잠시 철사 대리모에게 다녀오거나 열심히 팔을 뻗기는 했지만 그때뿐이었다. 양육자와 자녀의 관계에서 '먹이'보다 더 중요한 무언가가 있다는 사실, 또한 그 사실이 실험으로 증명되었다는 것에 당시 사람들은 흥분했다. 할로와 연구진은 이에 '접촉 위안contact comfort'이라는 이름을 붙였다. 꽤 아름다운 이야기다.

백 마리의 이상한 원숭이

그런데 나는 아름다운 실험 결과 뒤에 숨은 뒷이야기에 더 마음
이 쓰인다. 과학자들은 처음에는 헝겊 대리모가 꽤 우수한 대안
이라고 생각했지만, 시간이 지나면서 헝겊 원숭이에게 안겨 자
란 새끼 원숭이들에게도 문제가 있다는 걸 깨닫게 된다.

미국의 대표적인 과학 저널리스트 데버라 블룸^{Deborah Blum}
이 쓴 할로의 전기《사랑의 발견 Love at Goon Park: Harry Harlow and the Sci-
ence of Affection》을 보면, 당시 한 기자가 이 실험의 후일담을 취재
하기 위해 실험실을 찾았을 때 위안 속에 자란 평안한 원숭이들
대신 그저 "백 마리의 이상한 원숭이"만을 목격할 수 있었다고
적혀 있다. 그곳에 있는 다수의 원숭이는 "보는 사람의 마음을
괴롭힐 만큼 수동적이고 무감동한 모습을 보였다". 물론 이 중
가장 심한 행동 문제를 보인 것은 아예 사회적 접촉을 박탈당하
거나 철사 대리모에게만 양육된 원숭이들이긴 했지만.

출생 직후 어미와 분리되어 수개월 동안 아무런 사회적 접
촉 없이 지낸 원숭이들은 헝겊 대리모와 접촉하며 자란 원숭이
들보다 더 안쓰럽고, 섬뜩한 느낌마저 자아냈다. 할로가 직접
출연한 한 다큐멘터리에는 이렇게 접촉 없이 길러진 원숭이들

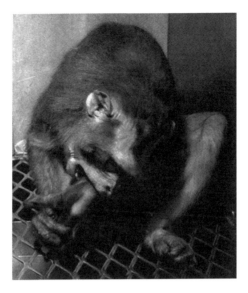

출생 직후 어미에게서 분리되어 6개월 동안 사회적 접촉이 박탈되었던 원숭이. 사진사가 가까이 다가가자 스스로를 물어뜯고 있다.[57]

을 데리고 실험을 하는 장면이 나온다. 실험자가 이 새끼 원숭이들을 장난감 곤충과 헝겊 대리모가 있는 방에 집어넣자 헝겊 대리모에게 달려가 안기는 대신, 두려움에 압도된 나머지 웅크려 앉아 다리 사이에 머리를 넣거나 계속해서 앞뒤 혹은 양 옆으로 몸을 흔드는 상동행동stereotypy*을 보인다. 마치 위안을 얻는 방법이 무엇인지 아예 배우지 못한 것처럼 보이는데, 이 원숭이들은 사람이 가까이 다가가면 자기 털을 뽑거나 몸을 긁거나 손발을 무는 등 자해를 하기도 했다. 상대적으로 건강한 원숭이라고 할 수 있는 헝겊 원숭이에게 양육된 새끼 원숭이들이 처음에는 무서워하며 헝겊 엄마에게 매달리다가 어느 정도 시간이 지난 뒤 장난감을 탐색하는 것과는 대조적인 반응이었다.

인간과 여러모로 매우 비슷한 붉은털원숭이가 생후 6개월간 접촉이 박탈되었을 때 이런 모습을 보였다는 데서, 만약 인간이 같은 일을 겪는다면 어떨지 질문을 던지게 된다. 이 새끼 원숭이들이 경험한 것은 학대의 일종인 정서적 방임이다. 원숭이에게 정서적 방임이 이렇게 치명적인 결과를 낳는다면, 비슷한 일을 경험한 인간에게도 동일한 결과가 있으리라 유추할 수 있지 않을까. 접촉 박탈 외에 안정감을 느끼지 못하도록 하는 무수히 많은 다른 요인들은 어떨까. 가족 구성원이 바람 잘 날 없이 매일 싸워대거나 폭력을 행사하거나 배고픔이나 추위에 노출되어도 아랑곳하지 않고 내버려둔다면, 이런 상황은 어린 아이에게 어떤 영향을 미칠까. 그다지 좋지 않은 영향을 미치리

* 뚜렷한 목적 없이 동일한 동작을 반복하는 인간과 동물의 운동 행동.

라는 것쯤이야 누구나 쉽게 예상할 수 있다. 그렇다면 구체적으

로 어떤 좋지 않은 영향을 미칠까?

각성의 창문

모 아카데미에서 자해를 주제로 강의할 기회가 있었다. 코로나 19로 강의는 전면 온라인으로 진행됐는데 모니터나 카메라 렌즈를 바라보고 하는 강의는 예상보다 버거웠다. 무엇보다 오프라인으로 강의할 때는 너무나 당연한 듯이 존재했던 눈빛 교환, 미소, 고개 끄덕임 같은 청자의 미세한 긍정적 반응이 정말로 그리웠는데, 첫 강의 때는 다행히 친구가 도와주었지만 오롯이 혼자 진행해야 했던 두 번째 강의에서는 정말이지 동네 강아지라도 초청하고 싶은 심정이었다. 다행히 도중에 사회적 거리두기 단계가 완화돼 강의 후반부에서는 오프라인 출석이 가능해졌는데, 마지막 강의 날 딱 한 분이 출석했다.

보통 어떤 강의의 유일한 참석자가 된 경우, 대개는 부담스러워하며 강사의 시선을 피하기 마련이다. 그런데 그날 마지막 강의에 참석했던 사람은 맨 앞줄에 앉아서 나와 눈을 맞추거나, 고개를 끄덕이는 등 내게 절박하게 필요했던 긍정적인 사회적 신호를 보내주었다. 강의가 끝난 뒤, 나는 그와 이야기를 나누면서 그가 오랜 기간 자해를 지속한 사람이라는 것을 알게 되었다. 그때까지만 해도 막연하게 나는 자해를 하는 사람을 만나서 인터뷰해야겠다는 마음만 먹고 있던 중이었는데, 그와 이야기를 나누는 순간 이 사람과 나눌 이야기가 아주 많을 것 같다고 직감했고 그 자리에서 충동적으로 인터뷰를 제안했다. 그렇게 〈한〉은 나의 첫 번째 인터뷰 참여자가 되었다.

〈한〉과 인터뷰를 진행하는 일은 생각보다 쉽지 않았다. 그가 들려주는 이야기의 무게 때문이었다. 나는 범죄 피해자를 지원하는 기관에서 약 2년 동안 내담자를 만났기 때문에 세상에서 벌어지는 끔찍하고 폭력적인 이야기를 듣는 데 웬만큼은 면역력이 있다고 자신하는 축이었다. 그러나 〈한〉과 인터뷰를 하면서 탄식을 참기가 쉽지 않았다.

〈한〉은 담담한 목소리로 자신이 기억도 나지 않을 만큼 어린 시절부터 부모님의 불화와 아버지의 폭력에 노출되었다고 말했다. 한 번은 어머니가 맞는 모습을 보다가 혹시나 저러다 죽는 게 아닐까 무서워 아버지를 말렸더니, 아버지가 그러면 너를 죽이겠다며 연장을 든 적도 있었으며 무서워서 도망을 가다가 머리카락을 잡힌 채 그대로 끌려왔던 날도 있다고 했다. 그런 날에는 가정환경이 비슷했던 친구 집으로 맨발로 도망갔다. 경찰에 신고도 해봤지만, 경찰관은 간단하게 상담한 뒤 '가족끼리 잘 해결하라'며 돌아갔단다. 그래서 〈한〉은 신고도 그만두었다. 그런 〈한〉에게 학교는 공부하는 곳이기도 했지만 폭력이 없는 도피처이기도 했다.

두 번째, 세 번째 인터뷰 참여자를 만나면서 나는 이 인터뷰가 내게 줄 감정적 무게를 과소평가했다고 인정해야만 했다. 인터뷰에 참여한 자해 당사자 총 10명 중 3분의 1은 복합적인 학대 속에 자랐다고 이야기했으며, 한 가지 유형의 학대를 경험한 사람은 3분의 2였다. 유아기의 경험에 스스로 학대라고 이름 붙이지는 않았으나 전문가의 입장에서 학대를 유추할 만한 경우도 있었다. 어떤 사람은 어머니가 너무나 성적에 집착해서 만점을 받지 못하면 갖가지 체벌을 받아야 했고, 또 다른 사람은 알코올중독인 아버지와 살며 어머니가 아버지에게 맞는 모습을 지켜봐야 했다. 이 중 상당수가 인터뷰에서 '지금까지 살면서 그럭저럭 잘 지냈던 시기, 괜찮게 지냈던 시기는 언제였냐'는 질문을 했을 때 '그런 기간이 없었다'고 말했다.

다행히 인터뷰 시점에 이들 대부분은 학대 상황에서 벗어나 자취를 하거나 양육자가 학대를 멈춘 상태였다. 그러나 이들이 겪었고, 겪고 있는 다양한 문제들 그리고 자해는, 비록 일대일의 인과관계까지는 아니라 해도 과거의 학대와 어떻게든 연관이 있었다.

친밀한 사람에게서 비롯된 반복적 외상

정신적 외상이 인간의 마음에 미치는 영향은 외상의 종류와 그 것을 겪는 사람, 공동체의 특성에 따라 매우 다르다. 일반적으로 태풍이나 지진 같은 자연재해보다 모르는 사람에게 강도를 당하는 일처럼 인간에 의해 일어난 사건의 영향력이 더 크다고 알려져 있다. 그리고 친밀한 사람에게서 비롯된 반복적 외상이 가장 많은 피해를 끼친다. 대표적인 사례가 바로 아동학대다.

아동학대를 포함한 아동기의 부정적 경험*은 지능을 비롯한 인지 기능, 자기 개념 정립, 감정 조절 기능, 애착 등 전반적인 정신건강 영역 뿐만 아니라 몸에도 장기적인 영향을 미친다.

1990년대 후반, 1만 7천여 명을 대상으로 했던 '아동기 부정적 경험' 연구는 만 18세 이전에 부정적 경험을 많이 하면 할수록 후일 각종 암, 만성 폐쇄성 폐 질환, 허혈성 심장병, 간질환, 뇌졸중 등 건강과 생사에 치명적인 영향을 미칠 만한 질병의 발생 위험을 더욱 높인다는 사실을 밝혀냈다. 뿐만 아니라 흡연, 위험한 섹스 등 건강에 악영향을 주는 현재의 생활 습관도 과거의 부정적 경험과 상관관계를 보였다.[58] 사람들은 흔히 아동기의 부정적 경험은 주로 빈곤층에서 발생하는 일이라고 생각하지만, 이 연구는 그러한 경험이 인종과 사회적 계층을 가리지 않고 광범위하게 나타난다는 점도 아울러 밝혔다. 이 연구는 아동기 학대 및 심한 스트레스를 유발할 만한 생애 사건의 영향이

*   아동기 부정적 경험(Adverse Childhood Experiences)을 측정하는 질문지에는 정서적·신체적·성적 폭력 및 정서적·신체적 방임, 보호자의 이혼 또는 별거, 보호자 간 폭력(어머니가 폭력 피해를 입었는지) 여부도 포함된다. 또한 가족 구성원 중 정신질환이 있었던 사람이 있는지, 감옥에 수감된 사람이 있었는지도 확인한다.

우리가 으레 짐작했던 것보다 훨씬 크다는 것을 알려주는 기념비적인 연구다.

아동기 부정적 경험이 이토록 광범위한 영향을 미치는 요소인 만큼, 당연히 비자살적 자해도 그 영향권 안에 들어 있다. 이와 관련한 수십 건의 개별적 연구를 통합해 분석한 바에 따르면, 아동기 학대는 성인기에 이루어지는 비자살적 자해와 자살에 유의한 영향을 미치는 위험 요인이다.[59,60,61] 이 연구들에 따르면, 아동기 학대는 그것이 신체적·정서적 학대든 방임이든 성적 학대든 그 종류와 상관없이 자해에 직간접적으로 영향을 미친다.

자해를 하는 집단과 그렇지 않은 집단에서 과거에 학대를 경험한 사람의 비율이 얼마나 되는지 비교해 살펴보면 이러한 경향은 더욱 뚜렷하게 나타난다. 독일 전역의 약 2500명을 대상으로 했던 연구에서는 자해하는 사람의 65.1퍼센트가 학대를 경험했다고 했으며, 이 중 절반 가량은 여러 형태의 학대를 경험했다고 응답했다.[62] 같은 연구에서 자해를 하지 않는 사람 중 학대를 경험한 사람은 29.7퍼센트, 여러 형태의 학대를 경험한 사람은 12.8퍼센트였다. 이 비율은 연구마다 조금씩 다르지만, 자해를 하는 사람 중 과거에 학대를 경험한 사람의 비율은 최대 79퍼센트 정도로 추정된다.[63] 이러한 이유로, 자해의 발생 및 경과를 설명하는 통합적인 이론을 만든 연구진들은, 아동기 학대를 생애 초반에 발생할 수 있는 자해의 위험 요인 중 하나로 꼽았다.[64, 65]

다만 아동기 학대와 흔히 청소년기에 시작되는 비자살적 자해의 관계를 생각할 때 주의해야 할 것이 있다. 이 두 가지가 단순하게 일대일의 원인-결과로는 축약될 수 없는, 상당히 복잡한 관계를 맺고 있다는 점이다. 비자살적 자해는 학대가 야기하는 광범위한 문제 중 일부일 뿐이며, 학대를 경험한 모든 사람이 비자살적 자해를 시작하는 것도 아니고, 자해하는 사람이 모두 학대를 경험한 사람도 아니다. 이 관계를 정확히 이해하고 싶다면, 단순히 아동기의 경험과 후일의 자해 사이의 상관성을 연구하는 것만으로는 부족하다. 그래서 연구자들은 그 두 가지 사이의 여러 '경로'에 주목한다. 똑같이 학대에서 출발했다 하더라도 어떤 길을 걸으면 자해로 이어지는지 혹은 어떤 다른 요인들이 있으면 자해나 다른 정신적 질환으로 이어지지 않는지를 알아보는 것이다.

학대에서 자해로 향하는 경로

어떻게 하면 다른 길로 들어설지는 4장에서 다룰 예정이며, 지금은 학대에서 출발해 자해로 향하는 여러 경로를 살펴보겠다. 사실 이 둘 사이에는 무수한 갈림길이 있는데, 이 길에는 '정서 조절 문제', '우울증 같은 심리적 질환', '낮은 자존감' 등의 이정표가 붙어 있다. 그중 복잡하면서도 매력적으로 보이는, 정서 조절과 관련된 길로 들어가보자.

'정서 조절'이라고 하면 꽤 간단한 작업처럼 들리지만, 지금 자신이 어떤 감정을 느끼는지 알아차리고, 그것에 적절한 이름을 붙이고, 그 감정을 판단하고, 만약 부적절하거나 고통스러운 감정이라면 그것을 조절하는 일련의 과정은 사실 대단히 복잡해서 섬세함뿐 아니라 여러 가지 전제 조건과 능력을 요한다. 그리고 어린 시절에 경험한 학대나 트라우마가 정서 조절과 관련된 영역에 미치는 영향은, 거칠게 '과각성^{hyperarousal}'과 '동결_{hypoarousal}'로 나뉜다.[66] 이 둘은 트라우마 분야의 임상전문가들이 자주 사용하는 개념인 '각성의 창문^{window of tolerance}'에서 따온 것이다.[67]

각성의 창문이란 간단하게 말하면, 개인이 충분히 잘 기능할 정도의 생리적 각성 범위를 가리킨다. 특별한 문제가 없을 때 대부분의 사람은 적당한 각성 수준을 유지하며 지낸다. 그러나 만약 외부 스트레스나 충격이 지나칠 경우, 과도하게 각성되어 날 선 '과각성 상태(경계 모드)' 또는 반대로 '동결 상태(경직 모드)'로 전환될 수 있다. 그리고 만약 외부 스트레스가 지나치게 크거나 오랜 기간 동안 반복된다면, '각성의 창문'의 영역 안이 아니라 그 바깥에서 지내는 시간이 길어질 수 있다.

이때 과각성 상태에 있는 사람은 마치 전쟁 중 보초를 서는 군인처럼 매사에 신경을 곤두세우며 어떤 특별한 사건이 일어나지 않아도 웬만해서는 편안하게 쉬지 못한다. 반면 동결 상태에 있는 사람은 어떤 감정을 느껴야 할 때조차 느끼지 못하고 모든 것을 '무디게dull' 받아들인다. 이런 상태에서 살아가는 사람은 늘 어딘가 멍하고 자신이 외부와 차단되어 있다고 느낀다. 그리고 물론 과각성과 동결을 오가며 극단적으로 널뛰는 감정을 붙잡고 살아가는 사람도 있다.

과각성 상태든 동결 상태든, 학대의 결과로 나타난 이러한 복잡한 부작용은 위협적이고 불안정한 외부 환경에 어떻게든 적응하면서 살기 위해 몸과 마음이 끊임없이 노력한 결과다. 전

과각성(hyperarousal)
과도하게 각성되어 있는 상태. 주변의 작은 자극에도 예민하게 반응할 수 있으며 주변을 극도로 경계해 안전감을 느끼기 어려움. 불안, 분노 같은 부정 정서를 조절하기 어려움.

각성의 창문(Window of tolerance)
충분히 잘 기능할 정도의 감정적/생리적 각성 범위.

동결(hypoarousal)
외부 자극에 대한 반응이 저하된 상태. 멍하거나 무감각한 느낌, 현실에서 유리된 듯한 느낌이나 '얼어붙은 듯' 아무 것도 하지 못하는 느낌을 경험.

각성의 창문

쥐고 태어난 과자 깡통

쟁 중에 잠을 잘 자지 못하고 늘 깨어 있으려 하며 주변을 경계
하는 것은 당연하지만, 전쟁이 끝난 뒤에도 그렇게 한다면 이후
삶을 사는 데 방해가 된다. 문제는, 전쟁이 끝난 이후에도 자신
안의 전쟁 속에서 살아가는 사람이 많다는 것이다.

비빌 언덕

다른 많은 신체 기능과 마찬가지로 정서 조절 능력 또한 완성된 형태를 가지고 태어나는 것이 아니라 양육 및 성장 과정에서 발달된다. 생각해보면 우리 모두는 어렸을 때 정말 별것 아닌 것을 무서워하고 슬퍼하지 않았는가. 엘리베이터 버튼을 누나가 먼저 눌렀다는 이유로 오열하는 아기처럼.

당장 나만 해도 어렸을 때 TV에서 방영하는, 해변에 등장한 백상아리가 사람들을 잡아먹는 내용의 영화 〈죠스〉를 보고 충격을 받아 여름휴가 때 절대로 해수욕장에 들어가지 않겠다며 드러누워 백사장이 떠나가라 울어댔지만, 지금은 3D 〈죠스〉를 보고도 눈 하나 깜짝하지 않고 바다에 들어갈 수 있다. 한 번은 바다에 들어갔다가 해파리에 쏘인 적이 있어 가끔 바닥이 보이지 않는 해변에 맨발을 디딜 때면 불안하지만, 심호흡 한 번이면 불안은 다시 조절된다. 이처럼 성인이 되면 어느 정도 사소한 일에는 감정적으로 크게 동요하지 않으며, 부정적 정서를 스스로 달래는 법도 알게 된다. 당연히 어느 날 갑자기 계시를 받아서 이렇게 변하는 것은 아니고, 자라면서 습득한 능력 또는 기술에 가깝다.

이렇게 어느 정도 안정적인 정서 조절 능력을 기르는 데 있어 필수적인 요소는 바로 '충분히 좋은' 양육자다. 충분히 좋다는 의미는 완벽할 필요는 없다는 뜻이다. 이런 양육자는 아이가 울면 달래주고, 아이가 지금 느끼고 있을 감정을 알아채 반응하거나 공감하면서 자신의 고통스러운 정서를 인식하고 명명하도록 도와주는 사람이다. 이렇게 말하면 아주 대단한 일을 해줘야 하는 것처럼 들리지만, 사실 이는 많은 양육자가 이미 일상적으로 하고 있는 일이다. 아이가 넘어져서 울었을 때 안아서 토닥여주는 것, "아이고, 그래 많이 아팠지?", "놀랐지?" 하고 아이가 느낄 법한 감정을 먼저 알아주는 것과 같은 행동들 말이다.

양육자가 아이의 감정을 먼저 알아차려 아이에게 그 감정이 무엇인지 또 어떻게 표현하는 것이 적절한지 알려주면, 아이는 그런 누적된 경험을 내재화해 이후 혼자서도 자기를 달래고 감정을 조절하는 능력을 기를 수 있다.[68] 이에 대해 애착 이론의 아버지라 불리는 존 볼비John Bowlby는 "애착의 관점에서 볼 때, 발달 정신의학에서 안전기지secure base보다 더 중요한 개념은 없다"고 했으며, 도널드 위니콧Donald Winnicott은 "홀로 있을 수 있는 능력의 근간은 매우 역설적이다. 왜냐하면 그것은 누군가가 옆에 있을 때 비로소 얻을 수 있기 때문이다"라고 근사하게 표현했다.

인간의 아이는 안전기지인 양육자에게 충분한 관심과 사랑, 안정감을 얻어야 미지의 세상을 탐색할 수 있다. 그러나 유기나 학대 경험이 있으면 양육자와 애착 관계를 맺을 수 없으며, 기본적으로 정서를 인식하고 명명하거나 조절할 능력을 갖추기 어렵다. 또한 즐거움을 느끼며 탐색해야 할 외부 세계를 알 수 없는 위험으로 가득한 곳으로 인식하게 되기도 한다.

물론, 다행히도 그리고 당연하게도, 정서 조절 방법을 오로지 양육자에게서만 배울 수 있는 것은 아니다. 선생님, 다른 어른, 친구 등 여러 종류의 타인과 관계를 맺으면서 배울 수 있으며, 사실 나이가 들수록 부모보다는 다른 사람의 도움이 더 필요해지기 마련이다.

그러나 그렇다 하더라도 최초 양육자의 역할을 무시할 수는 없으며, 때로 첫 반석이 어그러지면 커다란 후폭풍이 뒤따른다. 만성적인 학대를 받으며 자란 친구 하나는 내게 이렇게 말하기도 했다. "눈을 감고 지뢰밭을 걷는 것같이 느껴져. 앞으로 가기는 가야 하는데 발밑에 뭐가 있는지 언제 터질지 모르겠고, 뭐가 터졌을 때 다음에 안 터지게 하려면 어떻게 해야 하는지 내가 뭘 잘못했는지도 잘 모르겠고. 언제 끝나는지도 잘 모르겠고."

곰과의 동거

눈을 감고, 언제 끝나는지 모르는 지뢰밭을 걷는 기분이라는 표현을 들으니 《불행은 어떻게 질병으로 이어지는가》의 저자 네이딘 버크 해리스Nadine Burke Harris가 사용했던 '곰이 사는 숲' 비유가 떠오른다. 해리스의 비유를 한 번 따라가보자. 어쩌다 한 번 곰을 만난 사람, 즉 어쩌다 한 번 외상적 사건을 경험한 사람은 많은 경우 안전한 상황으로 돌아오면 안정을 찾는다. 그러나 '곰과의 동거' 상태에 있는 사람은 언제 마음을 놓아도 되는지,

언제 경계 모드를 내려놓고 편안하게 쉴 수 있는지 감을 잡지 못한다.

이를 조금 더 전문적으로 설명해보겠다. 우리 뇌는 스트레스 상황이나 위험에 처하면 스트레스 관련 내분비 시스템인 시상하부-뇌하수체-부신 축 hypothalamic-pituitary-adrenal axis (HPA 축)과 교감신경-부신피질 축 sympatho-adrenomedullary axis (SAM 축)이 작용해 스트레스 호르몬인 코르티솔과 아드레날린을 분비한다. 이런 호르몬들은 소위 투쟁-도피 반응이라고 일컫는 일련의 신체적 반응을 만들어낸다. 심장 박동과 호흡이 빨라지고, 근육이 긴장하며, 위장 등 소화 관련 기관의 활동이 억제된다. 위기 상황에서 맞서 싸우거나 재빨리 도망갈 수 있는 몸 상태를 만드는 것이다. 그리고 위기 상황이 지나가고 나면 신경계는 이런 활성화를 중단시킨다.

문제는 만성적 스트레스에 장기간 노출되는 경우다. 이때 스트레스 반응 체계는 장기간 계속 활성화된다. 만성적 스트레스는 수면장애, 우울증, 불안장애, 각종 면역계 질환 등과 관련이 있다고 알려져 있는데, 이런 상태는 성인에게도 물론 나쁘지만 뇌와 신경이 아직 발달 중인 아동기에는 더 치명적이다. 학대를 경험해 만성적 스트레스에 시달리는 아동은 하루 중 HPA 축 활성화의 정도가 크게 달라지지 않는 현상이 나타난다.[69]

시상하부는 부신에 신호를 보내 우리 몸의 '스트레스 호르몬'인 코르티솔을 분비시킨다. 코르티솔은 혈당을 높여 근육에 에너지를 공급하고 적절한 각성 상태와 면역 기능을 유지하도록 도와준다. 즉, 낮에 곰이 나타나면 잘 대처할 수 있도록 해주는 것이다. 하루 중 코르티솔 농도는 보통 낮에 가장 높아졌다가 밤이 되면 낮아지는데, 감기에 걸렸을 때 낮에는 괜찮은 것 같다가 밤이 되면 다시 열이 오르고, 기침이 심해지는 것도 이 때문이다.

그런데 학대를 경험한 아동의 경우, 전반적으로 낮과 밤의 코르티솔 농도 차이가 적어지는, 그러니까 하루 동안의 코르티솔 분비량의 그래프가 '납작해지는' 현상을 보인다.[70]

하루 동안 낮에는 자연스럽게 높아졌다가 밤에는 낮아져야 할 코르티솔 농도가 밤이 되어도 떨어지지 않는다는 건, 밤이 되어도 몸이 언제 찾아올지 모르는 외부의 위협에 대비한 경계 모드를 완전히 끄지 않는다는 이야기다. 항상 각성의 창문의 위쪽 영역에서 살아간다는 의미이기도 하다.

학대는 뇌를 어떻게 바꾸는가

이런 항시적인 과각성 모드는 내분비계뿐 아니라 뇌의 구조나 기능과도 관계가 있다. 감정 경험과 관련된 무수히 많은 뇌 영역 중, 아몬드 모양의 동그랗고 예쁘게 생긴 편도체는 특히 공포와 관련한 정보를 탐지하고 학습하는 데 매우 중요한 역할을 한다.[71]

예를 들어 편도체가 크게 손상된 사람은 보통은 피하는 독거미, 커다란 뱀과 같은 자극 앞에서도 공포 반응을 보이지 않으며, 다른 사람이 느끼는 공포스러운 감정을 알아차리는 데도 어려움을 겪는다.[72] 다른 연구에서는 편도체의 활동이 해석하기 애매하거나 중립적인 자극에 맞닥뜨렸을 때 더 빨리 위협적인 정보를 읽어내는 것과 관련이 있다고 밝혔다.[73]

학대를 경험한 아동은 그렇지 않은 아동에 비해 이 편도체를 비롯한 감정 정보에 관여하는 뇌 영역의 기능에 문제가 있다. 한 연구에서 아동기 학대를 경험한 사람과 경험하지 않은 사람들을 대상으로 위협 자극이 주어졌을 때 편도체가 보이는 반응을 측정하고, 1년 뒤 연구 참가자가 경험한 전반적인 우울과 불안, 공포 증상 같은 문제를 다시 조사했다. 그 결과, 아동기 학대를 경험했는지의 여부는 편도체 활동 상승과 관련이 있었으며, 이렇게 활성화된 편도체는 이후 경험하는 다양한 심리적 문제에 부분적으로 영향을 주었다.

또 다른 연구에서는 아동기에 양육자가 없었거나 정서적 방임을 경험했던 위탁 가정 출신 청소년 30명의 뇌 영상을 촬영했다. 연구자들은 실험군과 대조군에게 화난 표정, 겁먹은 표정, 행복한 표정, 무표정 등 네 가지 표정을 무작위로 보여주면서 간단한 주의력 과제를 수행하게 했고, 각 참여자들의 반응 속도를 측정하는 동시에 fMRI 촬영을 통해 과제 수행 도중 활성화되는 뇌 부위를 관찰했다. 그 결과, 과거에 양육 박탈이나 정서적 방임을 경험했던 청소년은 유독 위협적인 자극, 즉 화난 표정을 빨리 감지했다. 또한 실험군 참여자가 겁먹은 표정이나 화난 표정을 보면서 과제를 처리하는 동안 그들의 좌뇌 편도체와 전측 해마가 대조군에 비해 더욱 활성화되었는데,[74] 특히 입양됐거나 위탁 기관이 자주 바뀌는 등 불안정한 양육 환경에서 자란 아동일수록 위협을 감지하는 편도체의 활성 정도가 더욱 컸다. 거칠게 말하자면, 불안정한 환경에서 자랐을수록 외부 위협을 빨리 감지한다는 것이다.

이쯤 되면 편도체에 직접 말을 걸어서 '야, 비상사태 끝났어, 이제 그만 일해'라고 말할 수 있다면 얼마나 좋을까 하는 마음이 든다. 비록 직접 의사소통을 하는 형식은 아니지만, 우리 뇌도 이런 피드백 기능을 갖추고 있다.

인간의 진화 과정에서 비교적 최근에 발달한 전전두엽은 편도체에 비해 반응 속도는 느리지만, 상황을 논리적이고 종합적으로 판단해 편도체가 내린 결정을 조정할 수 있다. 이상적인 경우에는, 편도체가 어떤 사람의 무표정을 보고 '저 사람이 나에게 화가 난 것 같다'거나 '위험한 상황인 것 같다'는 위험 신호를 마구 보내도 성숙한 전전두엽이 '그런데 자세히 보니 그렇지 않다'는 피드백을 줌으로써 결과적으로는 심한 공포 반응을 일으키지 않도록 해준다.

하지만 학대나 방임 같은 지속적인 스트레스는 전전두엽과 편도체의 이러한 관계를 바꿀 수 있다. 반복적인 스트레스는 해마와 편도체를 비대하게 만들고 특정 자극에 과잉 반응 또는 과소 반응하도록 하며[75,76] 편도체가 지나치게 활성화되려고 할 때 이것을 조절해주어야 할 전전두엽의 기능을 저하시키기도 한다.[77] 어떤 연구자는 발달 중인 편도체를 두고 "세계의 학생이

자 피질의 선생"이라고 표현했다.[78] 편도체는 인간의 생애에서 피질보다 비교적 더 이른 시기에 발달하는데, 생애 초기에 편도체가 어떻게 발달하는지에 따라 추후 전두엽과 전전두엽 피질의 발달이 달라질 수 있음을 비유적으로 표현한 것이다.

이렇게 높은 수준의 각성에 시달리는 사람, 편안한 감각을 얻기 위해 매일같이 투쟁해야 하고 전전두엽의 피드백을 통해 스스로의 정서를 달래는 데 어려움을 겪는 사람은 이에 대처하기 위해 다양한 방법을 사용하게 되는데, 어떤 사람에게는 자해도 그 선택지 중 하나다. 앞서 말했듯 정서 조절의 어려움은 자해의 위험 요인 중 하나이며, 정서 조절 문제는 생애 초기 경험한 학대와 자해 사이의 중요한 연결고리다.[79, 80]

고통이라도 느끼고 싶은 상태

과각성에 해당하는 이야기를 많이 했으니 이번에는 동결로 시선을 돌려보자. 동결에 해당하는 정서적 현상에는 감정인식불능alexithymia과 해리dissociation가 있다.[81, 82]

아동기 학대 경험이 있었던 내담자와 이야기를 나누다 보면, 심리검사 결과에서는 명확하게 심한 수준의 우울증이나 불안장애가 드러나는데도 "최근 대체로 기분이 어떤가요?"라고 물으면 "글쎄요" 또는 "모르겠어요"라고 대답하는 경우가 있다. 혹은 매우 복잡하고 다양한 정서적 경험을 "짜증 났어요" 아니면 "싫어요"라고 간단하게만 설명해버리기도 한다. 이처럼 자신이 어떤 감정을 느끼는지, 내가 겪는 신체적인 감각이 의미하는 것은 무엇인지 알아차리거나 언어적으로 표현하는 데 어려움을 겪는 것이 감정인식불능이다. 자해 인터뷰 참여자 중에도 이러한 증상에 해당하는 양상을 보이는 사람이 있었는데, 혹시 과거에 누군가가 그를 도왔다면 나아지지 않았겠느냐고 묻는 질문에 그는 냉소하면서 아무도 자신을 도와주지 못했을 거라고 말했다. "저도 제가 뭘 느끼는지 잘 모르는데, 남이 어떻게 저를 도와주겠어요, 짜증만 나죠."

해리는 자기 자신의 생각, 감정, 기억과 정체감에서 분리되는 정신적 과정을 말한다. 해리를 경험하는 방식은 멍한 느낌부터 머릿속이 텅 비고 아무것도 느껴지지 않는 상태, 마치 영혼이 빠져나간 것처럼 외부인의 시점에서 자기 자신을 관찰하는 느낌이 들거나, 자신이 자신의 신체와 정신에서 빠져나간 것 같은 느낌(이인증^{depersonalization}), 소위 다중인격이라고 불리는 해리성 인격장애까지 매우 다양하다. 해리 자체는 충격적인 경험에서 스스로를 보호하기 위해 일어나는 것이며 경미한 해리 증상은 고통스러운 상황을 그나마 견딜 만하게 해주거나 두려움에 압도되지 않고 용기를 발휘할 힘을 주기도 한다.

그러나 해리 증상이 심하면 주변 상황을 제대로 인식하지 못할 뿐 아니라 어떠한 경험도 한 발자국 물러선 채 조망하지 못하며, 자연스러운 정서도 느낄 수 없다. 이는 자신의 감정과 의식적으로 거리를 두고 조절하는 노력과는 다른데, 마치 땅에 발을 디딘 채 사는 것이 아니라 허공을 반쯤 부유하는 상태로 지내는 것을 상상하면 된다. 또한 심할 때는 살아 있지 않은 것 같은 비현실감, 마비된 것 같은 느낌을 동반하기도 한다.

부끄러운 이야기지만 나는 학부 시절 해리에 관해 배울 때 '그냥 그런 게 있군' 하고 넘겼었는데, 나중에 트라우마를 경험한 내담자를 상담하면서 해리를 주의 깊게 살펴보지 않았던 모든 시간을 후회했다. 그만큼 해리는 다루기 까다롭고 어려웠다.

이론으로만 보면, 트라우마를 경험한 내담자를 상담하는 과정은 복잡하지 않다. 먼저 사건 이후 경험하는 현재의 심리적 증상들이 이상하거나 비정상인 것이 아니라 지극히 자연스러운 과정이라는 점을 이야기하고 '정상화'한다. 그리고 스스로를 진정시키는 여러 가지 '안정화' 기법들을 연습한다. 마지막으로 '기억 재구성화'가 이루어지는데, 이는 고통스러웠던 그 순간을 어떤 방식으로든 재경험하면서 현재는 그런 순간이 지나갔으며 안전하다는 것을, 단지 머리로만이 아니라 감정과 몸으로도 충분히 인식하게 함으로써 그때의 기억을 재해석하는 작업이다.

이 작업이 성공적으로 이루어지면 머릿속에서 다 해결되지 않아 시도 때도 없이 튀어나오는 과거의 공포와 무기력함, 충격 같은 감정들이 정리되고, 그 사건에 새로운 의미가 부여된다. 예를 들어, 어떤 사람이 칼을 든 강도에게 상해를 당하는 피해를 입었다고 하자. 이 사람은 한동안 사건 당시의 기억이 반복적으로 떠오르면서 그때 느낀 공포를 마치 지금도 그 일이 일어나고 있는 것처럼 다시 경험할 가능성이 있고, 칼 혹은 범인과 신체적 외형이 비슷한 사람을 보면 이런 공포가 쉽게 촉발될수 있다. 또 범인이 칼을 들었을 때 제대로 대처하지 못한 자신을 자책하면서 무력감을 경험할 수도 있다. 이때 안전한 환경에서 치료자와 함께 사건 당시의 기억을 재경험함으로써 마치 체한 것처럼 얹혀 있는 기억들을 충분히 소화시킨다면, 그 사건은 이미 지나간 일이라는 것을 몸으로, 정서로, 머리로 받아들이게 된다. 또 이전에는 공포에 압도되어 대처하지 못했던 자신의 모습을 무력하게 바라만 봤다면, 기억을 재해석한 이후에는 상처를 입은 뒤에도 열심히 도망쳐 다른 사람에게 도움을 요청했던 자신의 모습을 새로이 떠올릴 수 있고, 그런 자신의 모습에 대견함을 느끼게 되기도 한다.

설명하면 이토록 쉬워 보이건만, 실제 상담 현장에서는 상담자도 내담자도 예상하지 못했던 복병이 여럿 등장한다. 그중 대표적인 것이 해리다. 해리를 자주 겪는 내담자는 고통스러운 기억에 다가가려고 하면 갑자기 멍해진다거나 머릿속에 뿌옇게 안개가 낀 느낌이 든다고 호소하면서 자신의 고통스러운 경험을 다시 떠올리는 일을 어려워했다. 어떤 때는, 내담자가 나와는 다른 세계에 있는 것 같은 느낌이 들어서 '지금, 여기'로 돌아오게 하는 데만 남은 상담 시간을 전부 할애하는 날도 있었다.

중요한 것은, 감정인식불능이나 해리같이 감정이나 신체 감각을 잘 느끼지 못하는 상태가 자주 일어난다고 해서, 불편하고 힘든 감각이 사라지거나 완전히 무시할 수 있게 되는 건 아니라는 점이다. 오히려 알아채지 못하고 합당한 이름을 붙이지 못한 감정이 더욱 악화되며 날뛰기도 하고, 다양한 신체적 증상으로 이어지기도 한다. 자신이 무엇을 느끼는지 모르는데 어떻게 가라앉힐 수 있단 말인가.

게다가 해리는 그 자체로 고통스러운 경험이다. 해리를 자주 겪는 사람은 외부 세계와 차단된 답답한 마음, 살아 있어도 살아 있는 것 같지 않은 느낌, 내가 아닌 듯한 기분으로 인해 '그 어떤 것이라도, 심지어 고통이라도 느끼고 싶은' 상태에 이르기도 하며, 정서를 어떻게든 표현하거나 조절하기 위해 자해를 선택하기도 한다.[83, 84]

자해의 기능을 측정하는 질문지에는 '살아 있다는 것이 실감나지 않을 때 내가 아직 살아 있는지 확인한다' 같은 문항이 있는데, 이러한 문항은 고통스러운 해리 경험에서 빠져나오기 위한 개인의 대처 방식으로써의 자해를 반영한다. 해리와 자살 의도가 없는 자해 사이의 연관성을 연구한 자료들을 통합해 분석한 결과에 따르면, 해리 관련 장애를 진단받거나 관련 척도에서 높은 점수를 받은 사람은 자살과 자해 행동을 더 많이 보였다.[85]

불행과 책임 사이에서

2020년 말, 《미쳐 있고 괴상하며 오만하고 똑똑한 여자들》의
저자 하미나 작가께서 내게 여성의 정신건강을 주제로 인터뷰
를 하고 싶다며 연락했다. 평소 좋아하던 작가였고, 의미 있는
기획이라고 생각해서 기꺼이 만나기로 했다. 만나기 전에 인터
뷰 질문을 미리 보내주었는데, 금방 답할 수 있는 질문도 있었
지만 대답하기 까다로운 질문도 있었다. 그중 내적 갈등을 가장
많이 불러일으킨 질문은 바로 이거였다.

"상담 시 어린 시절 이야기를 많이 하게 되는데요. 가정에
서 있었던 역학으로 현재의 상태를 설명하기도 하고요. 이러한
접근이 왜 필요한지 궁금합니다. 또 심리학계에 이러한 접근을

회의적으로 바라보는 시각이 있는지 궁금합니다. 유년기나 아동기 혹은 가족 간의 역학에 중점을 두지 않고 다른 방식으로 접근하는 심리치료가 있는지도 궁금합니다."

넘겨짚은 것일 수도 있겠지만 나는 이 질문이, 내담자의 어린 시절에 무게를 두는 상담 방식에 의구심과 약간의 거부감을 담고 있다고 느꼈는데, 이러한 회의를 품게 된 이유를 왠지 알 것도 같았다. 상담에서 어린 시절을 중요하게 다루는 이유를 충분히 이해하고 있다고 생각하는 나조차도 정작 어린 시절에 관한 질문을 받으면 왠지 내 대답이 나를 향한 선입견으로 이어질까 봐 긴장하게 되고 난처할 때가 있으니까. 심지어 가끔은 '너는 이러저러한 경험을 했으니까 이런 사람일 거야'라는 틀에 갇히는 느낌을 받을 때도 있는데, 아마 이 질문도 이와 비슷한 맥락에서 출발했으리라.

아무래도 유·아동기에 여러 역경을 겪은 사람은 어린 시절에 관한 질문이 더 부담스러울 것이다. 세상이 그런 '상처를 가진 사람'을 어떻게 생각하는지 스스로 충분히 알고 있거니와 특히나 정신건강과 관련해서 아동기 상처 얘기를 꺼내면 좋지 않은 이야기가 뒤따라 이어지는 게 다반사이므로. 그럴 때면 과거가 마치 은근한 저주처럼 느껴지기도 한다. 과거가 이러했으니 앞으로 너는 이러저러한 불행을 겪을 것이라는 저주.

《불행은 어떻게 질병으로 이어지는가》에 실린 아동기의 부정적 경험이 생애 후반기 건강에 미치는 다양한 영향에 관한 글을 소셜 미디어에 올린 적이 있는데 예상보다 많은 사람이 그 글에 '억울하다', '절망적이다', '화가 난다'고 반응했다. 자신이 선택하거나 조절할 수 없는 어린 시절에 겪은 일로 인해 치러야 할 대가가 너무 크다는 것에 분노했고, 이미 일어난 일을 돌이킬 수 없다는 자각에 좌절감과 불만을 토로한 것이다.

이번 장에서 나는 유전적인 영향과 아동기의 부정적 경험, 애착 등 소위 우리의 '건강한 선택'을 막는 여러 요인을 이야기했으며, 그중에서도 특히 아동기의 부정적 경험에 초점을 맞춰 설명했다. 어떤 사람은 이 글을 읽으면서 '안 그래도 이미 힘든 인생인데 앞으로도 더 힘들 거라는 건가' 싶어 절망감을 느낄 수도 있고, '평생 그늘을 가진 채로 살아가야 하는 건가' 싶어 암담해진 사람도 있을 것이다. 버거운 현재의 감정을 과거에 겪은 불행으로 설명한다면, 또 어떤 사람이 아주 불행한 과거를 겪었고 그 때문에 생겨난 여러 증상들로 자해와 같은 방식을 선택하게 됐다고 설명한다면, 이것은 마치 앞으로 다르게 살 가능성을 축소하거나 없애버리는 말처럼 느껴지기도 할 것이다.

그렇게 받아들인다고 해도 원망할 수는 없는 노릇이지만, 나는 일종의 방어기제로써 우리 아버지의 좌우명을 빌려와서 '그럼에도' 따라오는 행복을, '그럼에도' 잘 살 수 있는 방법을 이야기하고 싶다. 그러면서도 한편으로는 변화나 성장 가능성만 말하면, 또다시 개인이 처한 특수한 상황과 무게를 고려하지 않는 우를 범하는 것은 아닌가 싶은 생각도 든다. 마치 어떤 선택을 해도 누군가를 불행하게 만들어버리게 되는 우울한 뫼비우스의 띠 앞에 서 있는 것처럼. 생산적이지 못한 논의를 반복하느라 도돌이표의 악순환에 빠지는 것처럼.

이렇게 주어진 환경(또는 과거의 경험)과 개인의 자율성, 둘 중 어떤 것을 선택하고 강조해야 하는지 고민이 될 때 종종 셜록 홈즈가 회복 중인 마약중독자로 등장하는 미국 드라마 〈엘리멘트리〉의 대사를 떠올린다. 자신의 어머니 역시 마약에 중독된 적이 있었음을 알게 된 셜록은 왓슨에게 이렇게 이야기한다. "(중독 재활) 프로그램의 첫 단계는 자신의 무력함을 받아들이는 것이죠. 어머니 역시 마약중독이었다는 것을 알게 된 뒤,

한편으로는 나 자신을 덜 나무라게 됐어요. 나는 어머니의 마약 중독에도, 어머니에게서 물려받았을 수 있는 나의 그런 특성에도 책임이 없죠. 하지만 한편으로 나는, 개인의 책임을 저버리는 걸 정말 좋아하지 않아요."

불행과 책임을 두고 고민할 때, 어쩌면 셜록의 대사에서 우리가 지향해야 할 태도에 관한 힌트를 얻을 수 있을지도 모른다. 둘 중 하나를 선택하는 것이 아니라 그 둘을 동시에 하는 것 혹은 그 둘의 중간 어딘가쯤에 자리 잡는 것 말이다. 우리는 과거를 돌아보며 자신을 이해하면서도, 스스로를 덜 나무라고 자신을 책임지는 일을 잊지 않을 수 있다.

빅터 프랭클Viktor Frankl이 말한 것처럼 우리는 "이 세상에 자신이라는 존재를 대신할 수 있는 것이 아무것도 없음을 깨닫"고 "생존에 대한 책임과 그것을 계속 지켜야 한다는 책임"을 안고 가면서도 자신이 미처 다 조절할 수 없는 외부 세계의 파괴적인 영향력을 겸허하게 인정할 수 있을 것이다.

4

회복과 도움

회복을 둘러싼 복잡한 맥락

아마도 마지막 장인 4장을 펼친 사람은, 제목을 보고 자해의 치료나 치유에 관한 이야기를 기대했을 것이다. 그런데 나는 자해와 관련해 '치료', '치유', '회복'이라는 말을 할 때마다 언제나 돌부리에 턱하고 걸린 듯 휘청거리고 망설이게 된다. 이 단어가 유독 무겁게 다가오는 이유는 여러 가지인데, 그중 하나는 현재 자해를 하는 사람이 이런 단어들에 얼마나 신경을 곤두세우고 거부감을 느끼기 쉬운지 인식하고 있기 때문이다.

그러나 자해를 하는 내담자들을 만났던 사람으로서 그리고 한때 자해를 했거나 그 주변인이었던 사람으로서 회복이니 치료니 하는, 어쩌면 고루하게 느껴지는 이런 단어들을 꺼내지 않을 수 없다. 아무튼 이것에 관해서 생각하는 게 내 직업이니까.

누군들 사랑하는 사람이 지금보다 덜 괴롭기를, 더 행복하고 나은 삶을 살기를 바라지 않겠는가? 그러나 이런 종류의 마음은 언제나 오해 없이 잘 전달되는 것은 아니며, 때와 장소가 어긋난 채로 말을 건네는 경우 상대에게 반감만 불러일으키기도 한다. 사실 내가 더 얹지 않아도 치료, 치유, 회복을 주제로 한 말들은 이미 충분할 정도며, 어떤 사람은 정신건강 문제는 "머리에 힘주면" 낫는다는 투로 쉽게 이야기하기도 한다. 그리고 마치 노력이 충분하지 않아서 정신건강 문제에 시달린다는 듯한 이런 식의 말들에 반복적으로 노출되면, 결국 나아지는 일 자체에 거부감을 느끼게 될 수 있다. 왜 아니겠는가?

이러한 딜레마 때문에 혹시라도 자해에서 벗어나는 구체적인 방법과 기술을 알기 위해 이 책을 펼친 사람에게는 미안하지만, 그런 역할은 다른 더 훌륭한 분들에게 맡겨야 할 듯하다. 대신 나는 너무 막연한 얘기처럼 들릴 위험을 무릅쓰고, 회복을 둘러싼 여러 가지 복잡한 입장들을 조금 다른 관점에서 다루는 데 이 지면을 할애하고자 한다.

자해를 숨기는 이유

우선 회복이나 치료라는 단어에 얽혀 있는 자해 당사자의 여러 복잡한 입장과 맥락들을 살펴보자. 물론 자해를 하는 사람 중 지금보다 자신의 상황이 나아지는 것을 조금도 원치 않는 사람은 없겠지만, 정말로 변화하기를 바라는지의 여부와 정도는 저마다 다르며 자해 문제에 접근하는 태도도 제각각이다.

자해 당사자 중에는 자신이 가지고 있는 문제 중 자해가 최우선 순위라고 느끼고 스스로 자해를 멈추고자 여러 가지 방법을 사용하는 사람도 있다. 하지만 어떤 사람은 상대가 누구건 자해 이야기를 꺼내는 일 자체를 망설이거나 꺼리고, 먼저 자해를 언급하면 부담을 느끼거나 불쾌해하기도 한다. 이런 사람들은 대체로 자해는 '진짜 문제'가 아니라고 생각하며 자해보다는 다른 문제에 도움이 더 필요하다고 느끼는 경우가 많다. 더욱 중요한 점은, 이들은 자해를 드러낼 경우 여러 가지 부정적인 반응과 사회적인 위험을 겪을 수 있다고 생각해서 감추려 한다는 것이다.[86, 87, 88, 89]

안타깝게도 자신과 치료적인 동맹을 맺고 있는 정신건강 전문가에게마저도 자해 사실을 굳이 이야기하지 않는 경우가 많다. 이 책을 쓰기 위해 만났던 인터뷰 참여자 대부분은 자해를 하던 기간 중 정신건강의학과에서 진료를 받았거나 심리 상담을 받은 적이 있었다. 그러나 자해가 심각한 신체 손상을 야기할 정도였거나 보호자에게 자해 사실이 알려져 치료를 시작한 경우가 아니고서야 대부분 담당 주치의나 상담사에게 자해 사실을 알리지 않았다고 밝혔다. 어떤 참여자는 치료자나 어른들은 자해를 멈추게 하는 데만 신경을 쓰지 그 이면에는 관심이 없지 않느냐고 말하며 분노를 내비치기도 했다. 또 다른 참여자는 자해를 한다는 것이 알려지면 여러모로 "일이 커져"버리기 때문에 부모님을 포함한 의사, 상담사 등 어른들에게는 말하지 않는 편이 현명하다고 했다. 또 자해 사실을 담당 주치의에게 알렸던 한 참여자는, 매번 병원에 갈 때마다 주치의에게 팔목을 보여주며 자해 검사를 받아야 했는데, 그것이 부담스럽고 수치스러웠다고 말했다.

자해를 하는 사람이라면 대체로, 자해 사실을 숨기는 편이 낫다고 말한 인터뷰 참여자들의 이야기에 공감할 것이다. 실제로 자해 사실을 알게 되면 주변 사람들의 머릿속에는 빨간 불이 켜지기 마련인데, 충분히 그럴 만한 일이긴 하다. 내게 소중

한 누군가가 혹은 나와 상담하는 내담자가 사실 자해 당사자라면 누군들 안 놀라고 안 속상하겠는가. 문제는, 이런 경우 대개는 당황한 나머지 눈앞의 이 자해라는 비상사태를 해결하는 데 급급해져 이면을 깊게 보지 못한다는 점이다. 자신의 자녀나 자신이 가르치는 학생의 자해 사실을 알았을 때, 사람들은 대부분 당황하거나 화를 내거나 나무라거나 눈물을 흘리는 등의 감정적인 반응을 보인다. 혹은 다루기 어려운 상황에 압도되어 침묵하거나 완전히 무시하기도 한다.

　인터뷰 참여자들과 그 주변 사람들도 마찬가지였다. 〈재희〉는 비교적 양육자에게 긍정적인 감정을 품고 있는 편이었는데, 자해 사실을 부모님에게 이야기했을 때 어머니가 처음에는 눈물을 흘리며 혼냈다고 말했다. 어머니는 〈재희〉가 우울증에서 벗어나도록 여러 가지 제안을 하고 실제 회복에도 많은 도움을 주었는데, 그런 어머니조차 울면서 아이를 혼냈다는 것은 시사하는 바가 크다. 어떤 부모님이나 선생님은 자해를 금지하고 행동에 제약을 가하고 방문을 항시 열어두도록 하는 등 프라이버시를 침해하거나 자해 여부를 검사하거나 심지어 자녀나 학생을 비난하기도 한다. 그러면 무슨 일이 일어나겠는가?

물론 자해를 그만두는 사람도 있겠지만, 2장에서 다루었 듯 많은 경우 이러한 난관에 부딪히면 더 은밀하고 들키지 않는 방식으로 자해를 한다. 이가 없으면 잇몸, 꿩 대신 닭 격이다. 생각해보라. 자해에는 분명한 기능이 있는데, 그것을 대체할 만한 다른 어떤 방법도 찾지 못한 상태에서 갑자기 수단이 없어졌다면 궁여지책으로 개구멍이라도 찾아보고 싶어지지 않겠는가. 자해를 하지 못하도록 늘 방문을 열어놓게 하면, 자녀는 학교 화장실에 숨어 자해하게 될 수도 있다. 손목 자해를 검사하면 허벅지를 긋거나 벽에 머리를 부딪칠 수도 있다. 인간의 역사에서 무엇인가를 공식적으로 금지한다고 해서 그게 진짜로 사라지는 일은 별로 없었는데, 예를 들어 미국에서 금주법의 시대는 10년 넘게 지속되었지만 그렇다고 술이 사라지진 않았다. 자해 금지도 마찬가지다.

개인적으로 심각한 문제라고 생각하는 건, 이런 방식으로 자해 자체에만 호들갑을 떨면 자해 당사자는 스스로가 이해받지 못하고 있다고 느낀다는 점이다. 자해를 하는 사람에게 자해란 어디까지나 부차적이고 표면적인 것일 때가 많으며, 진짜 문제는 내면의 고통이다. 그러나 자해를 접했을 때 당황한 주변 사람들은 자해 자체를 줄이거나 없애는 데 집중한다. 그러니 자해 당사자는 주변 사람들이 이런 반응을 보이면 표면적인 증상만을 볼 뿐, 자기에게는 관심이 없다고 받아들인다. 이처럼 자해 사실을 말해봐야 별로 좋은 일이 일어날 것이라는 예감이 들지 않는데다가 심지어 재수 없으면 일상생활에서 감시받거나 자해가 금지될 위험도 있는데, 누가 자해를 쉽게 꺼내놓고 회복이나 치료를 논할 수 있겠는가.

게다가 자해 사실을 알게 된 사람들은 자해 당사자에게 '왜' 자해를 하는지를 반드시 묻는데, 비록 걱정하는 마음과 도움을 주려는 의도가 깔려 있다고 하더라도 이런 질문을 듣는 일은 상당히 곤혹스러울 수밖에 없다. 왜냐하면 많은 경우 자해에 이르기까지 대단히 복잡한 심리적인 과정을 거치는데다, 때로는 해리로 인해 기억이 제대로 남아 있지 않기도 해서 이유를 충분히 설명하기 어렵기 때문이다. '왜'라는 질문 앞에선 사람은 상대에게 자신의 의도를 납득시켜야 하고 자신의 입장을 정당화해야 한다는 압박을 받는다. 이는 아무리 상냥하게, 이해와 온정을 담아 질문을 해도 마찬가지인데, 자해 당사자는 이 질문에 답할 때 '어차피 이 사람도 이해하지 못하는 것 아닐까?', '이렇게 말하면 이해할까?'라는 회의적인 생각과도 싸워야 한다. 무엇보다 이렇게 자해 문제를 놓고 줄다리기를 하는 동안, 꼭 함께 이야기해야 할 다른 주제들이 뒷전으로 밀리기도 한다.

자해 당사자들이 정말로 원하는 것

그렇다면 자해를 하는 사람은 무엇을 원하는가. 자해를 하거나 한 적이 있는 사람들을 만나 인터뷰를 하면서, 나는 마지막에 모든 인터뷰 참여자에게 같은 질문을 했다. '지금 다시 시간을 돌려서 자해가 가장 심했던 시기의 자신에게 무엇이 필요했는지 돌이켜보면, 그것은 무엇일지. 그때 만약 다른 사람이 당신에게 도움을 준다면, 그게 무엇이길 바라는지.' 신기하게도, 한 명을 제외한 모든 참여자가 '이건 어디까지나 제 이야기이기는 하지만'이라고 말문을 열고는 '자해 그 자체를 이야기하면 너무 부담스러우니까 그보다는 그저 곁에 있어주면서 가끔 상태가 안 좋아 보일 때 "괜찮아?" 하고 물어보거나 같이 맛있는 걸 먹는다거나 하는 방법으로 도와주면 좋겠다'는 공통된 의견을 내놓았다.

이건 나의 주관적인 의견이니 나만 이럴 수도 있다며 조심스럽게 내놓은 의견들이 대부분 비슷한 색채를 띠고 있다는 점은 아주 흥미롭다. 그리고 또 답변들이 하나같이 '참견하는 것 같지도, 강압적이지도 않은, 부드럽고 따뜻한 관심'과 관련된 내용을 담고 있다는 점도.

그 답을 듣고 나는 만약 내 주변 사람이 비슷한 일을 겪고 있다면 적극적으로 개입은 하지 않되 늘 곁을 지켜주는 종류의 도움을 줄 수 있을지 고민해보았다. 친구라면 가능할 것 같았다. 그게 친구로서 내 역할이기도 할 테니까. 그런데 자해 당사자가 이를 테면 나의 자녀나 내담자, 내가 가르치는 학생이라면? 그런 경우에는 절대로 그렇게 못할 것 같았다.

딜레마는 이것이다. 자해 당사자는 사람들이 자해 자체에만 집중하지 않았으면 했고, 빨리 회복해서 더 이상 이런 식으로 힘들게 하지 말라는 무언의 압박을 주는 것보다는 자신의 속도대로 회복하도록 기다리면서 위기 시에는 안전망이 되어달라고 말한다. 그런데 자해를 지켜보는 사람은 대부분 그런 태도를 유지하기 어렵다. 평정을 유지하면서 상대를 도와주고 싶다가도 불안한 마음이 앞선다. 때로는 지금이 적극적으로 나서서 도울 때인지 아니면 그저 곁을 지킬 때인지 판단도 서지 않는다. 무엇보다 혹시나 자해가 심해져서 신체에 치명적인 손상을 남기거나 실수로라도 자살로 이어지지는 않을지 우려하는 마음이 생긴다. 생각이 여기까지 미치면 우선 위험한 일이 발생하는 것부터 막으려 들지 않을까?

특히 자녀의 자해 사실을 알게 된 경우 이성적으로 판단하는 일이 더 어렵다. 이 때문에 밑바탕에 자녀를 사랑하는 마음이나 염려가 깔려 있더라도 행동은 전혀 다르게 나타날 수 있다. 나는 임상심리전문가이지만, 만약 자녀가 자해를 한다는 사실을 알게 된다면 침착하게 대응할 수 있을지 자신이 없다. 아마 나는 속이 상해서 울 것 같다. 내가 뭔가를 잘못했나 싶어서 자책하거나 미안해할 수도 있고, 어쩌면 내 자녀나 자녀의 친구에게 화를 낼 수도 있다. 그 애가 정말로 뭔가를 잘못했기 때문이 아니라 그런 일이 발생한 것이 속상해서 화를 내는 것이겠지만, 어쨌거나 아이에게는 그저 화내는 것으로 보일 테지. 나는 무슨 이야기를 해야 할지도 모르면서 아이와 무작정 이야기를 하려 들 수도 있고, 아마 그렇게 내뱉은 어떤 말들은 나중에 돌아보았을 때 후회스러울 수도 있다. 또 어쩌면 나는 아이를 상담센터라든가 정신건강의학과에는 보낼지언정 정작 정말로 무

엇 때문에 마음이 힘든 건지 물어볼 용기는 내지 못할 수도 있

으며, 그게 때론 무관심으로 보일 수도 있을 것이다.

딜레마 앞에서

소중한 사람이 자해를 한다는 것을 처음 알게 되었을 때의 충격

과 당황, 놀람, 슬픔 등의 감정은 자해를 접할 기회가 없었던 보

통 사람뿐 아니라 이미 마음의 준비를 하고 있던 치료자도 경험

한다. 연구에 따르면 자해하는 청소년 내담자를 만난 치료자들

은 내담자에게 드러내지는 않지만 상담 초기에 마음속으로 긴

장, 정서적 고통, 두려움과 조급함을 경험한 것으로 나타났다.

이들은 특히 내담자의 자해 상처와 마주한 순간 충격을 받아 감

정적인 동요가 일어났다고 고백하는 경우가 많았으며, 자해 행

동에 공감하기 어려웠다고도 했다. 또 자살과 자해 경계에서 내

담자가 자살 행동을 하면 어쩌지, 실수로 치명적인 외상을 입으

면 어쩌지 싶어 염려스러웠다고 했다. 물론 치료자들은 상담 과

정에서 내담자에게 연민과 안타까움을 느꼈으며, 상담이 진행

되면서 처음의 충격과 동요는 점차 사라지고 내담자의 고통에

보다 귀를 잘 기울일 수 있게 되기는 했다.

그러나 치료자가 이렇게 동요하거나 걱정한 결과, 환자/내담자와 충분한 협의나 설득 없이 자해를 주요 치료 목표로 삼기도 하며 환자/내담자에게 왜 그러한 과정이 필요한지 설명하지 않고 매 회기에 상처를 확인하기도 한다. 물론 자살 의도가 없는 자해도 내담자에게 충분히 위험할 수 있기 때문에 현재 어느 정도 자해를 하는지 확인하고 그 위험성을 전문가 입장에서 판단하는 일은 매우 중요하다. 자해 행동이나 상처가 심해 보이지 않더라도 앞서 설명한 것처럼 자해 행동은 그 자체로 불쾌한 정서를 유발하며, 신체에 손상을 입히는 행동을 반복하면서 고통의 역치를 높이고 치명적인 행동을 할 위험성을 높이기 때문이다.

그러나 그 과정에서 치료자가 자해 행동을 지나치게 의식하고 불안해하면 내담자의 욕구는 충분히 고려되지 못할 수 있다. 뿐만 아니라 치료자가 내담자의 안전을 보장하기 위해 했던 행동은 의도와는 달리 내담자와 치료자의 관계를 방해하기도 하고, 중요한 다른 요인들을 가리기도 한다. 나와 인터뷰했던 중학교 상담교사 선생님은 이러한 현상을 "자해 자체에 사로잡히면 아이를 못 보게 되는 것 같아요, 자해만 보이고 아이가 안 보이거든요."라고 표현했다.

현대의 치료자들에게 두루 사랑받는 정신분석 상담 치료자 낸시 맥윌리엄스$^{Nancy McWilliams}$는, 자신의 책《정신분석적 심리치료》에서 위기 상황에 있는 내담자와 함께 작성하는 '자살 방지 서약서'에 관해 다음과 같이 말했다.

나의 경험에 따르면, "안전을 위한 계약", 즉 자살하려는 환자에게 치료 조건으로 자살하지 않겠다는 약속을 하게 하는 것은 그다지 효과적이지 않다. 그러한 계약은 (…) 실제적인 안전을 확보하는 데는 거의 도움이 되지 않는다. (…) 자살하려는 사람들의 진술에 따르면, 자살하지 않겠다는 동의서에 서명하라는 요구에 따르기는 하지만 여전히 자살할 수도 있다고 생각한다고 한다. 정직함에 바탕을 두고 있는 정신역동적 치료에서 위기관리를 위해 환자에게 거짓된 약속을 요구하기보단, 치료자는 환자가 그러한 약속을 거부하는 것을 인내할 수 있어야 한다.

자해와 관련해서도 맥윌리엄스가 언급한 것과 비슷한 역동이 발생한다. 이러한 여러 가지 이유로 어떤 치료자는 적어도 치료 초반에는 자해를 언급하거나 개입하지 않고, 대신 기저에 자리한 다른 문제를 다루는 데 힘을 기울인다. 어떤 사례 회의에서, 상당히 긴 자해 이력이 있고 수많은 치료자를 만난 적이 있는 청소년 내담자를 상담하던 한 전문가는 그 내담자의 자해 이력을 처음에는 아예 다루지 않았다며 이렇게 털어놓았다. "여태껏 그 청소년이 만난 치료자는 모두 자해 상처를 확인하고, 자해를 왜 하는지 묻고, 어떻게 하면 자해를 안 할 수 있을지를 논의했는데, 내담자는 그런 시도들에 완전히 지친 상태였어요."

이처럼 자해 당사자가 받고자 하는 것과 주변 사람이 주고자 하는 것 또는 결국 주게 되는 것은 대부분 일치하지 않을 위험성이 있는데, 이로 인해 혼란을 겪고 서로를 신뢰하지 못하고 심지어 미워하거나 싫어하는 일이 벌어지기도 한다. 자해의 회복을 둘러싼 입장은 매우 다양하며, 이들의 서로 다른 입장은 자해라는 행위가 가지는 사회적 맥락뿐 아니라 자해 당사자와 그 주변인들이 여태까지 살면서 맞닥뜨렸던 여러 느낌과 생각, 가치를 대변한다.

이 시점에서 우리는 중요한 문제를 하나 짚고 넘어가야 한다. 매우 고루할 수도 있지만 중요한 질문이다. 바로 자해 문제에 있어서 '과연 회복이란 무엇인가'다.

회복의 여정

스콧 스토셀 Scott Stossel 의 《나는 불안과 함께 살아간다》는 정신건강과 관련된 수많은 책 중 내가 각별하게 여기는 책이다. 좋아하는 이유는 무수히 많은데, 그중 하나는 그 책이 '내용과 형식이 일치하는 몇 안 되는 책이기 때문'이다. 무슨 말이냐면, '불안한 사람이 불안에 관해 쓴 책'답게 책의 물리적 형태와 구성마저 불안한 사람이 쓴 책 같아 보인다는 소리다.

예를 들면 한 페이지 걸러 하나씩 무시무시한 길이의 각주가 등장하는데, 가끔은 한 페이지의 거의 3분의 2 이상을 차지하기도 한다. 이 책의 각주에는 행여나 오해하거나 다르게 읽는 사람이 있을까 봐 저자가 관련 내용을 샅샅이 찾아본 흔적이 고

스란히 담겨 있다. 어찌나 자세한지 어느 대목에서는 '여기까지 찾아봤단 말이야?' 하고 혀를 내두르게 될 정도다.

그중에서도 저자의 불안이 드러난 가장 잘 드러난 부분은 '구원과 회복력'을 다룬 장이다. 이 책의 한국어판은 각주와 감사의 말을 제외하면 약 430페이지가량인데, 그중 구원과 회복력을 다룬 5장은 29페이지밖에 안 된다. 약 400페이지에 걸쳐 불안 이야기에 감정이입을 하며 읽은 뒤라 5장의 제목을 보고는 희망과 구원을 기대하게 되는데, 이 내용이 단 29페이지에서 끝나버리니 저자에게서 가르침을 얻고 싶어 하는 나 같은 독자는 황망해질 수밖에 없다. 그러나 정확하고 구체적인 이야기를 해야만 한다는 작가의 의무감과 높은 불안 그리고 회복 그 자체의 모호한 성질을 생각해본다면, 5장이 그토록 보잘것없는 분량인 것에 바로 수긍하게 된다.

오래전에 톨스토이는 "행복한 가정은 모두 엇비슷한 이유로 행복하지만, 불행한 가정은 제각기 다른 이유로 불행하다"고 썼다. 사실 인간의 불행과 힘듦, 고통의 양상은 매우 다양하고 사람들은 대체로 남의 행복보다는 고통 이야기에 더 관심을 갖는다. 이런 경향 때문인지 매체에서 정신질환과 회복을 이야기할 때면 증상이 구체적이고 드라마틱하며 심지어 매혹적이기까지 한 방법으로 묘사된다. 그러나 회복은 언제 시작되는지 알 수 없고 특정한 사건이라기보다는 지루한 연습의 연속에 가깝다.

앞서 나는 회복의 의미를 정의 내리는 게 중요하다고 했는데, 사실 이 장의 초반에서 회복을 언급하면서 주로 자해 중단과 관련된 이야기를 했다. 이것은 많은 경우 자해의 회복을 이야기할 때, 논의의 초점이 자해 행동의 중단에 맞춰지기 때문이다. 그러나 회복을 자해 중단과 동격으로 보는 이런 관점은 회복을 정의하는 데 있어서는 어딘가 좀 부족하고 아쉽다.

회복의 미묘한 문제

아주 단순하게 '자해 중단＝회복'이라고 가정했을 때의 문제는 몇 가지 질문만으로도 금방 드러난다. 첫 번째 질문, 대체 얼마 동안 자해를 안 해야 중단이라고 부를 수 있는 걸까?《정신질환의 진단 및 통계편람 5판》은 지난 1년간 5회 이상이었다면 진단 가능하다는 답을 내놓고 있지만, 사실 이 진단 기준을 만든 사람들도 이 '1년에 5번'이라는 기준이 반박의 여지없이 완벽하다고 생각하지는 않을 것이다.

또 다른 문제가 있다. 어떤 사람이 이제는 자해를 하지 않지만 스트레스 상황에 놓일 때 자해를 하고 싶은 갈망을 느낀다면, 이건 회복이라고 할 수 있을까? 사실 일정 기간 이상 자해를 중단한 사람 중 일부는 상당한 시간이 흐른 뒤에도 자해를 하고 싶은 욕구 또는 충동을 느낀다고 말한다. 이런 점을 이야기하면서 나와 내 친구는 '자해나 담배는 끊는 게 아니라 평생 참는 것'이라고 농담한 적이 있는데, 자조적인 것처럼 들릴지 몰라도 중요하게 고려해야 하는 사실이다. 이 점에 관해서는 뒤에서 더 자세히 설명할 예정인데, 우선은 많은 사람이 한동안 자해를 하지 않더라도 자주 자해를 하고 싶은 욕구를 느낀다는 점을 먼저 언급해두겠다.[90]

또 다른 미묘한 문제로는 흉터가 있다. 자해 흉터는 자해 당사자에게 복잡한 감정을 안긴다. 자해는 특성상 몸에 상처를 남기기 쉬운데, 어떤 사람은 이 상처로 수치심과 불안감을 느끼기도 한다. 나 역시 30대 초까지 처음 만나는 사람이 있는 자리에 나갈 때나 직장에 출근하는 초반에는 시계나 팔찌 등으로 상처를 가리려고 했다. 솔직히 말해 크게 눈에 띄는 상처는 아니지만, 그래도 혹시나 누군가가 눈치 챘을 때 나라는 사람이 어

떻게 보일지 불안했다. 얼마간 시간이 지나 그 장소에 차츰 적
응하고 귀차니즘이 불안을 이기면서 아예 신경을 안 쓰게 되었
지만.

흉터 관리법은 사람에 따라 무척 다르고 다양하다. 많이 애
용되는 방법은 긴 옷을 입거나 장신구를 착용하는 것이다. 좀
더 급진적인 방법으로는 문신이 있는데, 자해 흉터와 문신을 교
차 검색하면 한국이나 해외에서 흉터 위에 무료로 타투를 해주
는 타투이스트들 얘기가 많이 나온다. 문신을 하든 하지 않든,
상처를 어떻게 관리할 것인지, 보이게 둘 것인지, 상처 부위를
가리는 옷을 입을 것인지, 지울 것인지 또는 남에게 자해를 하
고 있거나 했다는 사실을 말할 것인지 등의 사후 관리는 자해를
했거나 하는 사람이 꽤 오랫동안 겪는 복잡한 의사결정 과정이
다. 문제는 이 과정에서 흉터가 드러나는 것을 과하게 걱정하거
나 관리에 지나치게 신경 쓰면 오히려 심리적 불편감이 증가할
수 있다는 것이다. 그렇다면 흉터 관리에 매우 신경을 쓰는, 흉
터 때문에 스트레스를 받는 이 상태는 자해에서 '회복'된 단계
라고 말할 수 있을까?

물론, 가장 중요한 질문은 이것이다. 애초에 어떤 사람이

자해를 시작할 때, 자해의 계기가 되었던 포괄적인 정서 조절 문제나 높은 수준의 스트레스, 지지 자원 부족 같은 다른 문제들이 다 그대로 있는데 자해를 중단하기만 하면 그건 회복이라고 부를 수 있을까? 이 질문에 쉽게 '그렇다'고 대답할 사람은 많지 않을 것이다. 계속 우울하고 고통스러운데 자해만 그만둔들 대체 그게 무슨 소용이냐고 되물을 사람도 있을 것이다. 그런데 관점을 조금 바꿔보면, 설령 다른 것들은 전혀 변하지 않았더라도 자해를 그만둔 것 자체만으로 대단한 가치가 있는 일이며, 현재 시점에서는 눈에 띄지 않더라도 기저에 깔려 있는 어떤 유의미한 변화를 대변하는 것일 수 있다. 앞서 이야기했듯, 자해는 그 자체의 동력과 위험성을 가지고 있는 행위이므로, 자해를 없애거나 줄이기만 해도 굉장한 진전이라고 볼 수 있다.

회복은 점이 아니라 선이나 구간이다

앞서 던진 모든 질문은 치유와 회복이 실은 모호하고 복잡한 개념이며, 우리가 생각하는 회복이 사실은 불완전한 관념일 뿐 아니라 심지어 이런 불완전한 인식이 때로는 회복을 방해할 수도 있음을 드러낸다. 사람들은 대개 치유나 회복의 상태를, 아예 증상이 없는 상태 그리고 자신에게 어느 정도 만족하며 안정적인 대인관계를 유지하고 거의 늘 평안하고 안온하게 지내는 상태라고 생각한다. 물론 이런 종류의 회복이 존재하지 않는 것은 아니지만, 냉정하게 말해서 그건 회복보다는 '이상理想' 또는 '최고의 상태'에 가깝다. 무엇보다 이것은 회복을 너무나 협소하게 바라본 개념이다.

'증상 없음'으로 정의되는 회복을 '점'이라고 한다면, 실제의 회복은 '선'이나 '구간'에 가깝다. 회복에 이처럼 좁은 정의를 적용할 경우, 사람들은 자신에게 일어난 작은 변화를 감지하거나 어여삐 여기지 못한다. 예를 들어 지난달에 100만큼 우울했다가 이번 달에 70만큼 우울하거나, 지난달에 100번 자해했다가 이번 달에 70번 자해했다면, 그것은 분명 긍정적인 변화다. 만약 그 사람이 회복하기 위해 어느 정도 노력을 기울여서, 그 결과를 얻었다면 더더욱 스스로를 인정하고 칭찬해야 한다. 그러나 회복의 협소한 정의를 적용한다면, 이런 진전은 회복이 아니다. 이럴 때 사람들은 줄어든 30보다 남아 있는 70에 집중하게 되고, 그러면 지치기 쉽다.

어떤 사람은 치유와 회복의 과정에서 어떤 드라마틱한 계기나 사건, 그 전후에 발생하는 삶과 심리적 상태의 질적인 변화를 꿈꾸기도 한다. 마치 구원자와도 같은 특별한 사람을 만났다든가, 자신을 괴롭히던 사람이 진심으로 사과하고 뉘우친다든가, 갑자기 세계관이 확 바뀌는 어떤 사건이 생긴다든가 하는 일 말이다. 사실 그렇게 벼락 맞은 듯한 순간은 두고두고 잊히지 않는 경험이 되어 안정을 되찾는 기반이 되어주기도 한다.

인터뷰 참여자 〈지아〉는 자신의 '병이 낫게 된 날이 딱 있었다'고, 신기하지 않느냐고 말했다. 그는 첫째로 태어나 여러 형제자매를 돌보면서 자랐는데 그 때문에 정작 자기 자신을 돌보지 못했고 부모님에게 관심이나 사랑을 받지 못한 편이라고 했다. 청소년 시절, 그는 모아두었던 정신과 약을 입에 털어 넣은 적이 있다. 막상 앰뷸런스가 오고 일이 커지니 부모에게 혼이 날까 봐 무서웠던 〈지아〉는 앰뷸런스 안에서 응급구조대원에게 부모에게는 알리지 않으면 안 되냐고 부탁했다. 물론 그럴 수는 없는 일이었고, 규정에 따라 구조대원은 보호자인 아버지에게 전화를 걸었다.

그날, 〈지아〉의 아버지는 집에서 병원으로 한걸음에 달려와 침대에 누워 있는 〈지아〉의 손발을 주무르며 "괜찮아, 이제 괜찮아, 아빠 왔잖아"라고 말했다. 〈지아〉는 걱정과 달리 '부모님이 날 사랑하는 게 맞구나'라는 싶어 안심이 됐고, 문득 '이렇게 살면 안 되겠다'고 생각했다. 이후 〈지아〉의 자해 빈도는 점점 줄어들었고 우울감도 호전됐다.

〈지아〉의 이야기는 감동적이고, 무척 잘된 일이며, 나는 그날 있었던 일의 긍정적인 효과가 오래오래 지속되기를, 사랑받고 있다는 따스한 느낌이 〈지아〉 안에 오래 남아 있기를 기원한다. 그러나 〈지아〉처럼 드라마틱한 사건 하나로 갑작스럽게 회복되는 일은 매우 드물다. 많은 경우 회복은 사건이라기보다 지난한 과정이며 무수한 반복이다. 회복은 직선으로만 일어나지 않으며 어떤 순간에는 후퇴하는 것처럼 보이기도 하고 어떤 순간에는 같은 자리를 빙빙 맴도는 것처럼 느껴지기도 한다.

중독에서 회복되는 여정을 다룬 《리커버링》의 저자 레슬리 제이미슨 Leslie Jamison 은 이에 대해 이렇게 말했다. "중독 이야기가 어둠 (…) 이라는 연료로 달린다면, 회복 이야기는 흔히 서사적 느슨함, 건강함이라는 따분한 영역, 눈을 뗄 수 없는 불꽃에 딸린 지루한 부록으로 여겨진다." 이것은 중독에서의 회복에만 해당하는 이야기가 아니다. 사실 모든 회복 서사는 그처럼 복잡하고 미궁 같으며, 시작과 끝이 모호한 과정이다.

회복 단계 모형

회복이 복잡하고 모호한 과정이라는 것은 연구를 통해서도 드러난다. 어떤 연구자들은 자해의 회복에 관해 다음과 같은 단계 모형을 제시했다. 이들은 회복의 과정이 '비선형적non-linear'이라고 말했는데, 이 말은 회복이 질병에서 출발해 치유된 상태를 향해 일직선으로 나아가는 과정이 아닌, 우회할 수도 있고 좌절할 수도 있는 복잡한 과정이라는 의미를 함축한다. 이들은 사람들이 흔히 회복을 자해 생각과 충동, 행동을 모두 완전히 없애는 것이라고 생각한다는 점을 지적한다.[91,92] 물론 자해를 둘러싼 많은 사람들이 이런 수준의 회복을 기대하는 것은 이해할 만한 일이지만, 연구자들은 회복에 대해 현실적인 수준의 기대를 품어야 한다고, 즉 자해 생각이나 충동이 남아 있는 것이 정상임을 받아들여야 한다고 강조한다.

그렇다면 자해의 회복은 어떠한 과정을 거쳐 이루어질까. 연구자들이 지적하고 강조한 대로, 우선 회복에 관해 현실적인

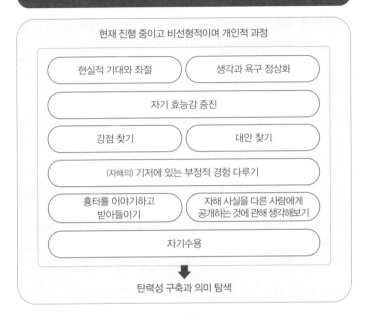

현재 진행 중이고 비선형적이며 개인적 과정

현실적 기대와 좌절

생각과 욕구 정상화

자기 효능감 증진

강점 찾기

대안 찾기

(자해의) 기저에 있는 부정적 경험 다루기

흉터를 이야기하고
받아들이기

자해 사실을 다른 사람에게
공개하는 것에 관해 생각해보기

자기수용

탄력성 구축과 의미 탐색

자해의 회복 과정

기대와 협의를 한 뒤 다음 단계를 밟아 나가야 한다. 또한 이 과정은 언제나 다음 단계로 나아가는 것만은 아니며 상황에 따라서 그 이전으로 잠시 되돌아갈 수 있다.

회복에 관한 기대와 목표를 현실적인 수준으로 조정했다면, 다음 단계는 자기 효능감 향상시키기, 자신의 심리적 강점 찾기, 대안 찾기, 자해의 기저에 자리한 다른 문제들 다루기, 흉터를 받아들이고 드러내기, 자기 수용 등이 있다.

간단하게 설명하자면 이런 뜻이다. 자해를 하는 사람은 많은 경우 자신의 정서 조절 능력에 회의적이며 자신에게 자해 욕구를 분출하지 않을 힘이 있음을 믿지 못한다. 그러므로 정서와 충동을 조절할 수 있다는 자신감, 즉 정서 조절에 대한 자기 효능감을 키워야 한다.

그 다음에 당면한 문제를 해결하고 회복 상태로 나아가는 일에 도움이 되는 개인의 심리적 강점을 찾으면서, 얼음 쥐고 있기, 고무줄 튕기기, 심호흡, 잠수반사^{diving reflex}를 이용한 찬물 또는 얼음물에 얼굴 담그기 등 자해의 '기능'을 대체할 만한 다른 방법 중에서 자신에게 잘 맞는 것을 찾아보고 연습하는 일이 필요하다.

만약 이러한 과정이 잘 이루어진다면, 그 다음으로 생각할 것은 흉터를 받아들이고 드러내는 작업이다. 어떤 사람은 흉터를 감추는 데 지나치게 몰두하는데, 이 경우 스트레스가 가중될 수 있다. 이 단계가 모든 사람에게 필요한지 나는 조금 회의적이지만, 꼭 해야 하는 사람이 있다는 것은 인정한다.

여기서 나는 아주 간단하게만 적었지만 세부적으로 각 단계마다 해야 할 작업은 꽤 많으며, 이 모든 요소를 꼼꼼히 이야기하려면 책 한 권 정도의 분량이 필요하다. 회복 단계 모형을 통해 내가 가장 하고 싶은 말은 바로 회복을 바라보는 관점을 바꿔보자는 이야기다. 회복을 어떤 이상적 상태 혹은 정상적 상태로 보는 것이 아닌, 보다 총체적이고 종합적이며 과정 중심적인 관점으로 받아들이는 것 말이다.

중요한 타인의 지지와 도움

또 한 가지 잊지 말아야 할 것이 있다. 자해의 회복을 논할 때 사람들은 대부분 자해 당사자와 치료자(의사든 상담사든)의 관계를 떠올린다. 마치 치료와 회복이라는 것은 병원이나 상담실 안에서만 일어나는 현상인 것처럼. 나는 여기에 더해 부모, 친구, 연인 등 중요한 타인의 역할도 함께 짚어보고 싶다. 특히 부모에게서 아직 독립할 수 없고 주변 사람의 영향을 많이 받는 아동이나 청소년의 경우, 회복 또는 변화에 있어서 사회적 지지가 매우 중요하며 주변 사람들의 지지와 도움은 질병의 경과를 아예 바꾸기도 한다.

각종 정신 병리의 회복에 중요한 요인들을 살펴보다 보면,

질병의 종류를 불문하고 사회적 지지가 마치 만능열쇠인 것처럼 느껴질 때가 있다. 사회적 지지는, 우울증, 외상후 스트레스 장애, 각종 불안장애 등 거의 모든 정신질환에 있어서 보호 요인의 역할을 하며, 회복 및 추후 재발 방지에도 중요한 작용을 한다는 것이 익히 알려져 있다.[93, 94, 95, 96]

특히 아동·청소년의 경우, 부모를 비롯한 보호자와 또래의 역할이 매우 중요하다는 것은 상식적으로 모두 알고, 느끼고 있을 것이다. 나의 경우만 해도, 돌이켜보면 가장 위험했던 시절에서 빠져나오는 데 가족과 친구 들의 도움이 컸다. 내가 자해를 한다는 사실을 알고 난 뒤 엄근진한 얼굴로 내 손을 꼭 잡으며 "이렇게 몸에 상처를 내면 네 영혼도 같이 다쳐"라는 말을 했던 선배 언니가 있는데, 당시에는 좀 웃기다고 생각했다. 세상에 언니, 영혼이라니요. 그러나 이 말과 언니의 표정은 가끔씩 머릿속에 떠올라 내게 위안을 주는, 주변 사람의 걱정과 지지를 느끼게 해주었던 따뜻한 장면으로 남아 있다.

하지만 어쩌면 사회적 관계의 중요성을 알기 때문에 더더욱, 막상 주변의 누군가가 자해 문제를 겪고 있다는 것을 알게 됐을 때 사람들은 불안해하며 혼란을 겪는다. 그럴 때 어떻게 하면 좋은지 구체적으로는 모르기 때문이다. 예를 들어, 자해를 하고 있는 누군가 울고 있는 모습을 봤을 때 달래주면서 무슨 일인지 물어보아야 할까? 아니면 이야기하기 힘들거나 부담스러울 수 있을 테니, 혼자만의 시간을 가지고 감정을 추스를 수 있도록 배려해주는 편이 나을까? 만약 같은 반 친구의 자해 사실을 우연히 알게 되었다면, 그래서 도움을 주고 싶다면 어떻게 해야 할까? 만약 내 자녀의 자해 사실을 알게 되었을 때, 대체 어떻게 해야 아이를 도울 수 있을까?

　안타깝지만 이러한 문제들에 관해, 지금 이 지면에서 '이렇게 하는 편이 좋겠다'고 구체적으로 제안하거나 조언하기는 어렵다. 왜냐하면 '어떻게 하면 가장 좋은지'는 개인 및 그 관계의 특성에 따라 다르며, 어떤 사람한테는 꼭 맞는 조언이 어떤 사람한테는 맞지 않기 때문이다. 그렇지만 어떠한 경우에도 적용할 수 있는 대원칙만은 이야기할 수 있는데, 바로 타당화^{validation*}다.

---

* 　타당화의 원어인 'validation'은 한국에서 번역하는 사람에 따라 수인, 수용, 타당화, 인정 등 다양한 용어로 번역된다.

타당화

타당화가 무엇인지 자세히 이야기하기 전에, 타당화는 세상의 다른 많은 도덕률처럼 머리로 이해하기는 쉽지만 제대로 실천하기는 정말 어려운 개념이라는 점을 먼저 언급해둔다. 이 얘길 먼저 꺼내는 것은, 타당화가 어렵게 느껴지더라도 죄책감을 느끼지 않길 바라서다. 많은 시간을 들여 타당화를 가르치는 변증법적 행동 치료 세미나에 참석하면, 수많은 기술과 원칙 중에서 '부모에게 가장 가르치기 어려운 것이 바로 타당화'라고 이야기하는 전문가를 자주 목격한다. 물론 부모뿐 아니라 심리학을 전공하는 대학원생이나 초보 상담자 또 가끔은 경력이 쌓인 베테랑 상담자조차 타당화를 어려워하기는 마찬가지인데, 그 이유는 개념이 어렵거나 복잡해서가 아니라 자신의 감정이나 생각을 평소 습관과는 매우 다른 방식으로 표현해야 하기 때문이다.

타당화를 심리치료의 중요한 한 부분으로 사용하고 있는 변증법적 행동치료자들의 설명에 의하면, 타당화란 "상대방의 일련의 정서적인 반응들에 대해 그것이 감정을 느끼는 당사자의 상황과 맥락에서는 그럴 만하며, 그가 느끼는 감정을 이해할 만하다는 것을 전달하는 것"이다. 더 간단히 말하자면 타당화는 공감의 일종이라고 할 수 있겠다.

왜 초반에 타당화가 어렵다는 말부터 늘어놓았냐면, 타당화에는 여러 가지 수준이 있을 뿐 아니라 진정한 타당화를 위해서는 자신의 감정을 전경이 아닌 배경에 두어야 하기 때문이다. 즉, 당장은 자신이 느끼는 감정을 상대에게 먼저 표현하고 싶더라도 혹은 상대방에게 뭔가를 알려주거나 가르쳐주고 싶더라도, 이 마음들은 잠시 배경에 머무르게 하고 상대의 마음과 그 마음의 맥락을 우선적으로 짚어보아야 한다는 이야기다. 이렇게 하려면 가끔은 상대방에게 구체적으로 조언을 해주고 싶은 마음이나 말하는 사람 자신을 보호하고 싶은 생각을 잠시 눌러 두어야 하는데, 그건 대체로 어렵다.

타인의 고통에 들어가보는 것

부끄러움, 공감 등을 연구하는 브레네 브라운^{Brené Brown}은 "공감이란 누군가가 깊은 구덩이 안에 빠진 채 "나 여기 갇혔어! 너무 어둡고 무서워!"라고 소리 지를 때, "안됐네! 무섭겠다!"라고 말하는 것이 아니라 자신도 그 구덩이에 들어가 "그 안에 들어가 있는 게 어떤 건지 알아. 그리고 넌 혼자가 아니야"라고 말해주는 경험"이라고 했다.

여기서 중요한 부분은 '그 구덩이에 들어가는 것'인데, 왜냐하면 누군가의 감정에 공감하려면 적어도 그와 같은 혹은 비슷한 감정을 느꼈던 자신의 어떤 부분과 접촉해야 하기 때문이고, 어느 정도는 자신도 그 고통을 느껴야 하기 때문이다. 그것은 결코 기분 좋은 경험은 아니며, 대부분의 사람은 무의식적으로 이러한 고통을 거부하고 타인의 고통 안에서 "그렇지만 적어도 넌 ~하지는 않잖아"라든가, "~하는 것보다는 훨씬 낫네"처럼 그나마 희망이 있어 보이는 부분이나 좋아 보이는 부분들을 짚어주고 싶은 유혹을 느낀다. 이렇게 말하는 사람에게 염려하거나 사랑하는 마음이 아예 없다고는 할 수 없지만, 그렇다고 이를 공감적인 반응이라고 말하기도 힘들다. 타당화는 바로, 고통을 느끼고 싶지 않은 그 마음을 잠시 누르고 타인의 고통에 들어가는 것이다.

그런데 어쩌면 고통은 타당화할 수 있는 여러 감정과 생각 중에서 가장 쉬운 축에 속할 수도 있다. 듣는 이를 향한 비난이나 분노, 자신의 의견과 반대되는 생각은 충분한 연습 없이는 타당화하기가 몹시 어렵다. 상대방이 "당신은 정말 최악의 상담자고 쓰레기야! 너 같은 사람이 무슨 상담을 해!" 같은 비난을 하는데 그 기저에 자리한 감정과 그렇게 생각하게 된 과정을 살피고 '그 사람의 입장에서 그것이 충분히 일어날 수 있는 일임'을 인정하는 것을 떠올려보라. 정말 어렵지 않겠는가?

동의의 문제도 이와 비슷하다. 특정 사안에 동의하는 것과 그것을 타당화하는 것은 엄밀히 다른 일이다. 이 두 가지가 다르다는 사실을 머리로 이해하는 것도 어려운 일인데 하물며, 실제로 동의할 수 없는 일에 타당화를 하기란 정말 어렵다.

예전에 부모가 학교를 그만두고 싶다고 말하는 자녀에게 공감하는 연습을 하는 영상을 본 적이 있다. 만약 '이 의견에 공감을 표해야만 한다'는 의무감과 압박이 없고 실제 상황이었다면, 아마도 많은 사람이 학교에 가기 싫다는 자녀의 얘기에

"왜?" 또는 "무슨 소리야?"라는 말을 먼저 했을 것이다. 그리고 공감 연습을 하는 사람들도, 입으로는 공감하더라도 마음 깊은 곳에서 '이러다가 진짜로 자퇴하면 어떡하지? 자퇴를 허락한 거라고 착각하면 어떡하지?' 하는 위기감을 느꼈을 것이다. 자해도 마찬가진데, 자해하는 심정을 타당화하는 것과 자해에 찬성하는 것은 다름에도 많은 사람이 자해 행동을 정서적으로 타당화하는 일을 본능적으로 꺼린다.

타당화의 여섯 단계

그렇다면 구체적으로 타당화는 어떻게 하는 걸까? 변증법적 행동치료를 고안한 마샤 리네한Marsha Linehan 은 "타당화는 여섯 가지 단계를 거친다"고 말했다. 주로 변증법적 심리치료를 수행하는 치료자들을 위해 제안한 방법이기에 일상생활에서 두루 활용하는 데는 한계가 있지만, 그럼에도 타당화가 무엇을 지향하는지 알려면 리네한이 말한 타당화의 여섯 단계를 반드시 살펴봐야 한다.

1단계는 정신을 차리고 상대방을 잘 관찰하며 말을 경청하는 단계다. 2단계는 정확한 반영이다. 상대방이 말한 것을 그대로 돌려주는 것을 반영이라고 하는데, 예를 들어 정말 화가 났다고 말하는 사람에게 "그래, 정말 화가 났구나" 하고 돌려주는 것을 말한다(2단계는 중요한 단계지만, 이것만 사용해서는 안 된다는 점을 분명히 짚고 넘어가야겠다. 이런 단순 반영만 계속하는 것은 아무래도 전혀 자연스럽지 않고 듣는 사람을 당황스럽게 할 수 있다.) 타당화의 3단계는 청자가 화자의 입장이 되어 그 사람의 감정과 생각을 경험해보고, 상대방에게 이것을 전달해 정확한지 확인하는 것이다. 대부분의 사람들이 공감이라는 단어를 보고 떠올리는 것은 아마도 1~3단계에 해당할 것이다.

그 다음 단계부터는 조금 복잡해지는데, 먼저 타당화의 4단계는 상대방이 살아온 삶의 맥락 전체를 고려했을 때 현재 그렇게 느낄 만하다는 것을 이해하고, 이해한 내용을 상대방에게 전달하는 것이다. 그러니까, 추정컨대 그 사람이 이렇게 느낄 법한 원인일지도 모르는 과거의 사건과 함께 현재 상대방의 감정도 고려하는 것이다. 5단계는, 현재의 환경과 상황에서 상대방이 그렇게 느낄 법하며 그것이 의미 있는 정서 경험이라는 것을 알고, 그 사실을 충분히 전달하는 것을 말한다. 마지막인 6단계는, 적극적으로 급진적인 진정성을 가지고 그 사람의 존재 방식 자체를 수용하고 타당화하는 것이다. 즉, 어떤 사람의 특정 행동이나 역할, 인종, 장애, 우울증 등과 같은 그 사람의 일부 특성에 국한하여 생각하지 않으며 그 모든 것이 합쳐진 총체적 존재로서의 한 인간을 수용하는 것이다.

사람에 따라 다르겠지만 4~6단계는 좀 복잡하게 느껴지긴 해도, 적어도 1~3단계의 타당화는 조금만 노력하면 얼마든지 할 수 있을 것처럼 보인다. 상대방의 입장에서 생각해보는 것, 이 간단한 원칙은 초등학교 도덕 시간에도 배우는 것 아닌가. 그러나 정말로 온전히 타인의 입장을 고려하고 그 마음을 상대방에게 전달하기란 쉬운 일이 아니며, 가끔 우리는 타당화와 유사한 개념들을 헷갈려한다.

공감이 하는 일

앞서 말했듯, 타당화와 동의는 헷갈리기 쉽지만 분명 다른 개념이다. 고통스러운 감정을 느끼는 사람에게 서둘러 "그래도 괜찮다, 정상이다"라고 말하는 것은, 성급한 정상화라고 표현할 수 있지 않을까? 이 역시 타당화와 다르지만 혼동하기 쉽다. 어떤 치료자가 사람들이 여럿 모이는 자리에 스트레스를 받아 모임을 피하려 하는 한 내담자에게 "그 정도는 괜찮은 것 같은데요? 그런 상황에서는 누구나 부담스럽다고 느낄 수 있을 것 같아요"라고 반응했다고 치자. 아마도 이때 치료자의 의도는 아마도 그 사람이 그런 상황에서 괴로운 감정을 느끼는 것은 전혀 이상한 것이 아니며, 그렇게 느껴도 충분히 괜찮다는 것을 전달하고 내담자를 안심시키는 것이었으리라. 하지만 "괜찮다"라는 말이 너무 성급하게 나오면, 듣는 사람은 상대방이 정말로 나의 문제와 감정을 이해했는지, 내 말이 정말 잘 전달됐는지, 내가 내 문제를 계속 이야기해도 될지 의심하게 된다. 이런 성급한 "괜찮아"는 매우 교묘한 형태로, 상대방의 깊은 정서가 표출되는 것을 회피하고자 하는 마음과 연결될 때가 많다.

경청하도록 훈련을 받는 치료자와 만나도 가끔 이러한 일이 생기니, 우리의 일상생활에서 온전히 상대방의 기분과 입장을 수용하고 그러한 수용을 전달하려는 일이 얼마나 자주 엇나가는지 가늠해볼 수 있을 것이다. 특히나 상대방의 행동 변화를 바라는 '중요한 타인'의 입장에서 타당화는 정말 어렵다.

자해를 그만두었으면 하고 바라는 가족의 입장에서 자해 당사자의 마음을 이해하고 수용하는 것은 즉, 타당화는 우선순위가 아닐 때가 많다. 그보다는 이 행동을 어떻게든 그만 멈춰주었으면 하는 욕구가 전면에 등장하기 마련이다. 어떤 사람은 자해하는 마음을 충분히 이해하고, 그 사람이 자해를 할 만한 여러 맥락과 타당한 이유들이 있었음을 받아들이는 것이 마치 자해를 긍정하고 강화하는 것처럼 여겨져 거부감과 두려움을 느끼기도 한다. 가족의 자해 행동은 전혀 이해되지 않을 수도 있고, 답답함이나 분노에 사로잡힐 수도 있다. 그럴 때는 당위를 내세우며 상대방을 다그치게 되기 쉬운데, 그런 마음은 예를 들어 "그 짓 좀 그만해", "대체 언제까지 그럴래?", "바뀌고 싶은 의지는 있냐? 노력을 좀 해 봐"와 같은 식으로 표현된다.

비타당화를 경험한 마음에서 벌어지는 일

리네한은 개인의 감정 경험이 거부되거나 무시되거나 판단되는 것을 비타당화invalidation 라고 칭했다. 그는 비타당화가 나타나는 양상은 두 가지로 나뉜다고 봤다.

첫 번째는 누군가가 스스로의 경험을 분석하고 묘사한 방식이나 그 감정이 유발되는 이유를 털어놓았을 때, '틀렸다', '잘못됐다'고 말하는 것이다. 좀 극단적인 예이기는 하지만, 실연을 당한 사람에게 "그게 그렇게 울 일이니? 오히려 잘 된 거 아냐? 빨리 잊어버려"라고 말한다면 비타당화라고 볼 수 있겠다. 비타당화의 두 번째 얼굴은, 개인의 경험을 "네가 너무 예민해서 그래"처럼 사회적으로 용납되지 않는 성격이나 특징들로 설명하려고 드는 것이다.

다 큰 성인도 반복적인 비타당화를 경험하면 서러움을 느끼게 된다. 이 장을 쓰다가 30대 초반인 나의 파트너에게 문득 성인이 된 후 비타당화를 경험한 적이 있는지 물었는데, 파트너는 직장이 너무 힘들어서 그만두려고 이야기했을 때 어머니가 웃긴 했지만 약간의 분노를 담아 "농담이지? 그래도 직장은 다녀야지"라고 반응했던 이야기를 털어놓았다. 정서적인 고통을 전달하고자 하는 시도에 '그것은 아무것도 아니다'라는 메시지로 응수한 셈이니 개인의 감정 경험이 무시된 경우에 속한다고 볼 수 있겠다. 파트너는 웃으면서 말했지만, 나는 우리가 다른 얘기를 나눌 때에 비해 파트너의 얼굴이 조금 붉어지고 눈시울도 빨개진 모습을 보고, 그 이야기를 하면서 웃는 데 아주 많은 노력이 필요했음을 알아차릴 수 있었다. 다시 떠올리는 것만으로도 마음이 아프고 눈물이 날 것만 같은 기억이 있는 사람은 내 파트너뿐만이 아닐 것이다. 사실 어떤 비타당화는 너무나 깊게 남아서 수 년, 수십 년이 지난 후에도 처음 경험했던 그날과 같은 감정을 느끼게 하기도 한다.

그렇다면 비타당화를 경험한 마음에는 어떤 일이 일어날까? 리네한은 비타당화를 반복적으로 경험하면, 자신의 내적인 경험을 커다란 사회적 맥락 내에서 어떻게 이름 붙이고 이해해야 할지 모르게 되며, 결과적으로 정서 조절 방법을 배울 수 없게 된다고 했다. 또한 누군가가 비타당화당하는 환경에 반복적으로 노출되면 폭발적인 정서 반응을 일으킬 수 있다고도 덧붙였다. 리네한은 그 이유를 타당화가 일어나지 않는 환경에서는 타인에게 호의적인 반응을 이끌어내기 위해 극단적인 정서 반응을 보여야 할 때가 많아지기 때문이라고 설명했다.

앞서 말한 내 파트너의 경우를 생각해보자. 만약 파트너가 너무 힘들어서 그만두고 싶다고 말했을 때는 코웃음을 치다가, 크게 울면서 물건을 부수거나 집어 던지는 등의 행동을 했을 때는 '저렇게까지 하다니, 정말 힘든가보다'고 생각하며 부모가 그제야 어려움을 이해하는 제스처를 취했다면 어떨까? 그리고 만약 이러한 일이 반복적으로 발생한다면?

이런 일이 반복될 경우, 어떤 사람은 말로 "힘들다"고 표현하는 중간 과정을 생략하고 곧바로 행동 단계로 나아갈 수 있다. 심지어 그것이 더 합리적이라고 여기게 될 수도 있고, 이러한 패턴이 고착될 수도 있다. 그리고 이러한 패턴은 자신의 감정 경험을 반복적으로 무시하거나 축소시키려 드는 어떤 특정한 사람 앞에서만 발동되는 것이 아니라, 일반화되어 다른 많은 사람 앞에서도 나타날 수 있다. 그리고 장기간에 걸쳐 축적된 비타당화 기억은 개인이 타인과 세상을 바라보는 시선을 완전히 바꾸기도 한다.

자해의 회복과 치유를 다루는 이 장의 앞부분에, 자해 당사자가 자해를 밝히거나 개입받기를 싫어하는 이유를 길게 설명한 것도 결국 타당화 이야기를 꺼내기 위해서였다. 타당화는 실질적인 변화를 이끌어내기 위한 필수적인 기반 중 하나이기 때문이다.

변화를 위한 초석

대학원 박사과정 진학 후 첫 학기에 수강한 과목 중 하나는 슈퍼비전으로, 이는 주로 자신보다 경력이 적은 상담자나 동료의 상담 과정을 살펴보면서 상담이 잘 진행되도록 돕는 한편, 슈퍼비전을 받는 사람이 상담자로서 잘 성장하도록 교육하는 것을 말한다. 수업은 집단으로 진행했는데 초보 슈퍼바이저였던 나는 여러 명의 초보 상담자들이 상담에서 좌충우돌하며 성장하는 모습을 간접적으로나마 지켜볼 수 있었다. 그들은 공통적으로 특정한 심리상담 기법이나 유용한 기술을 적용해 빨리 변화를 이끌어내고 싶어 했으며, 상대적으로 공감이나 반영 같은 측면은 덜 중요하게 생각하는 것처럼 보였다. 이때 슈퍼바이저는 초보 상담자들에게 우선은 상담을 받는 사람의 마음에 충분히 공감하는 것이 중요하다고 조언하는데, 초보 상담자들은 '공감이 중요하다는 것은 알지만, 계속 공감만 하고 있으면 실질적인 도움을 주지는 못할 같아서 불안하다. 공감만 계속해도 되느냐, 대체 공감이 어떻게 변화를 이끌어낼 수 있느냐'는 질문을 던지기도 했다. 공감이 어떻게 변화를 이끌어낼 수 있느냐는 질문에 답하기란 정말 어렵다. 지금 시점에서 다시 생각해본다면, 나는 사람이란 먼저 이해받아야만 변할 수 있으며 또 충분한 타당화를 경험하는 것은 개인이 타인을 포함한 외부 세계에 쳐두고 있던 방어벽을 조금은 허물 수 있게 해준다고 답할 것 같다.

리네한은 변증법적 행동치료를 처음 만들게 된 계기를 설명하면서 이렇게 말했다.[97]

1970년에서 1980년대의 표준 행동치료의 경우, 치료가 성공하려면 사람들이 상담실로 찾아와 "내 문제는 이것이에요"라고 말할 수 있어야 했고, 치료자가 "이런 방법으로 바뀔 수 있습니다"고 제안하면 내담자가 "좋아요, 한번 해볼게요"라고 말할 수 있어야 했습니다. 그래서 성공하기 어려웠죠. 제가 만나는 사람들은 그 말을 들으면 즉각 "내가 문제라는 거군요"라고 말하는 이들이었습니다. (…) 그 무렵 저는 '좋아, 그럼 좀 더 수용 기반의 치료로 바꿔보자'고 생각했죠. 더 타당화하고, 수용하자고요. 그걸 한번 해봤더니, 그것도 쉽지 않았습니다. 왜냐면 그런 경우엔 환자들은 "날 도와주지 않겠단 거예요? 그냥 들으면서 앉아만 있겠다고요?"라고 말했죠. 내가 만난 사람들은 대부분 '말하면 누군가 잠자코 들어주는 치료'는 아주 많이 받아본 사람들이었어요. 문제는, 말하고 이해받는 게 꼭 변화로 이어지는 것은 아니라는 데 있었죠. 그래서 이 방법을 시도했을 때도 내담자들은 화를 내곤 했습니다. 도움이 되지 않으니까요. 제가 그 두 가지를 합쳐야겠다고 생각한 것은 그때였습니다. 수용의 기술과 함께 변화에 주된 강점을 두는 것. (…) 상당한 수준의 타당화에 기반을 둔 행동치료 말입니다.

리네한이 이러한 설명을 할 때 염두에 두었던 '내담자'는 경계성 성격장애 진단을 받은 사람들이었겠지만, 그가 만난 사람들이 변화와 수용이라는 치료의 두 가지 측면에서 하나만 강조되었을 경우 경험했던 불편감은 누구나 느낄 법한 감정이라고 생각한다.

변화해야 한다고만 말할 때 드는, 내가 마치 문제 덩어리인 것 같은 느낌. 계속 들어주고 받아주기만 할 때에 드는, 실질적으로 변하는 것은 없고 정체된 것만 같은 느낌. 이런 느낌은 특별히 어떤 심리적인 문제로 진단을 받지 않더라도 누구나 느껴본 감정일 것이다. 중요한 것은 둘 중 하나가 아니라 둘 모두이고, 만약 어느 한쪽만 경험하던 사람이 다른 한쪽을 조금이라도 경험할 수 있다면, 그 경험은 이미 그 자체로 변화에 해당한다. 물론 이 정도의 변화가 전부는 아니지만, 그럼에도 여기에는 분명히 의미가 있다.

그러므로 나는 요청하고 싶다. 자해 당사자의 주변에 있는 사람들이, 언젠가 한두 번쯤은 타당화를 고려해주었으면 한다. 자해를 하는 사람을 걱정하는 마음이나 분노, 슬픔 등 여러 가지 감정을 느끼겠지만 그것들을 잠시 내려놓고 상대방의 입장에서 생각해봐주었으면 좋겠다. 그리고 그들이 느끼는 감정과

행하는 행위에 충분히 그럴 만한 이유와 맥락이 있음을 진정으로 이해하려고 노력했으면 좋겠다.

나의 친구나 자녀나 학생이 자해했다는 것을 알게 되었을 때, 순간 슬픔이나 분노나 불안 같은 감정이 올라오더라도 잠시 제쳐놓고 그 행동의 배경에 어떠한 몸과 마음의 상태가 있었는지 진심을 다해 관심을 기울여주기를 바란다. 늘 그렇게 하길 바라는 것은 욕심이고 사실 늘 그렇게 하기란 거의 불가능하지만, 부디 한두 번만이라도 이러한 일을 해주었으면 좋겠다. 그러한 일들이 결코 자해를 묵인하거나 강화하는 것이 아니며 오히려 변화를 위한 초석을 까는 일임을, 어떤 때는 그 시도 자체가 변화라는 것을 떠올려주었으면 좋겠다.

참고문헌

1. 네이딘 버크 헤리스, 《불행은 어떻게 질병으로 이어지는가》, 정지인 옮김, 심심, 2019.

2. 레슬리 제이미슨, 《리커버링》, 오숙은 옮김, 문학과지성사, 2021.

3. 슈테판 츠바이크, 《어제의 세계》, 곽복록 옮김, 지식공작소, 2014.

4. 스에노부 게이코, 《라이프》, 북박스(랜덤하우스중앙), 2005.

5. 스콧 스토셀, 《나는 불안과 함께 살아간다》, 홍한별 옮김, 반비, 2015.

6. 윤지운, 《디어 왈츠》 8권, 서울미디어코믹스(서울문화사), 2010.

7. 앤드루 솔로몬, 《부모와 다른 아이들》, 고기탁 옮김, 열린책들, 2015.

8. 주디스 허먼, 《트라우마》, 최현정 옮김, 열린책들, 2012.

9. 한야 야나기하라, 《리틀 라이프》, 권진아 옮김, 시공사, 2016.

10. Deborah Blum, 《Love at Goon Park: Harry Harlow and the Science

of Affection》, Basic Books, 2002.

11. John Watson, 《Psychological Care of the Infant and Child》, W. W. Norton & Company, Inc., 1928.

12. Karl Menninger, 《Man Against Himself》, Harcourt Brace and Company, 1938.

13. Marilee Strong 《A Bright Red Scream: Self-Mutilation and the Language of Pain》, Viking, 1998.

14. Nancy McWilliams, 《정신분석적 심리치료》, 권석만, 이한주, 이순희 옮김, 학지사, 2007.

15. Peter Steggals, 《Making Sense of Self-harm》, Springer, 2015.

16. Samantha Ellis, 《How to Be a Heroine: Or, What I've Learned from Reading too Much》, Vintage, 2015.

17. Susanna Kaysen 《Girl, Interrupted》, Vintage, 1993.

미주

1장

1. 권혁진, 권석만. (2017). 한국판 자해기능 평가지(The Functional Assessment of Self-Mutilation)의 타당화 연구. *한국심리학회지: 임상심리 연구와 실제*, 3(1),187-205.

2. Plener PL, Kaess M, Schmahl C, Pollak S, Fegert JM, & Brown RC. (2018). Nonsuicidal self-injury in adolescents. *Deutsches Ärzteblatt International*, 115(3), 23.

3. Chaney S. (2017). *Psyche on the Skin: A History of Self-harm*: Reaktion Books.

4. Sulz S. (2010). Hysteria I. Histrionic personality disorder. A psychotherapeutic challenge. *Der Nervenart*, 81(7), 879-887.

5. Novais F, Araújo AM, & Godinho P. (2015). Historical roots of histrionic personality disorder. *Frontiers in Psychology*, 6, 1463.

6. Williams EA. (2002). Hysteria and the court physician in Enlightenment France. *Eighteenth-Century Studies*, 35(2), 247-255

7. Bresin K. & Schoenleber M. (2015). Gender differences in the prevalence of nonsuicidal self-injury: A meta-analysis. *Clinical psychology review*, 38, 55-64.

8. Duberman MB. (1980). "I Am Not Contented": Female Masochism and Lesbianism in Early Twentieth-Century New England. *Signs: Journal of Women in Culture and Society*, 5(4), 825-841.

9. Robertson CD, Miskey H, Mitchell J, & Nelson-Gray R. (2013). Variety of self-injury: is the number of different methods of non-suicidal self-injury related to personality, psychopathology, or functions of self-injury? *Archives of Suicide Research*, 17(1), 33-40.

10. Phillips RH, & Alkan M. (1961). Some aspects of self-mutilation in the general population of a large psychiatric hospital. *Psychiatric Quarterly*, 35(3), 421-423.

11. Graff H, & Mallin R. (1967). The syndrome of the wrist cutter. *American Journal of Psychiatry*, 124(1), 36-42.

12. Grunebaum HU, & Klerman GL. (1967). Wrist slashing. *American Journal of Psychiatry*, 124(4), 527-534.

13. Millard C. (2013). Making the cut: the production of 'self-harm' in post-1945 Anglo-Saxon psychiatry. *History of the Human Sciences*, 26(2), 126-150.

14. Whitlock J, Purington A, & Gershkovich M (2009). *Media, the Internet, and nonsuicidal self-injury*: American Psychological Association.

15. Seko Y, & Kikuchi M. (2020). Self-injury in Japanese manga: a content analysis. *Journal of Medical Humanities*, 1-15.

16. Ishige Naoko. (2006). Jishō no Bunka-shi(Cultural History of Self-Injury). Kokoro no Kagaku. *Science of Mind*, 127(5): 96-105., Seko의 논문에서 재인용.

17. Adler PA, & Adler P. (2011). *The tender cut*. New York University Press.

18. Prinstein MJ, Heilbron N, Guerry JD, Franklin JC, Rancourt D, Simon V, & Spirito A. (2010). Peer influence and nonsuicidal self-injury: Longitudinal results in community and clinically-referred adolescent samples. *Journal of Abnormal Child Psychology*, 38(5), 669-682.

19. Hughes MA, Knowles SF, Dhingra K, Nicholson HL, & Taylor PJ. (2018). This corrosion: A systematic review of the association between alternative subcultures and the risk of self-harm and suicide. *British Journal of Clinical Psychology*, 57(4), 491-513.

20. Lea M, & Duck S. (1982). A model for the role of similarity of values in friendship development. *British Journal of Social Psychology*, 21(4), 301-310.

2장

21. Gillies D, Christou MA, Dixon AC, Featherston OJ, Rapti I, Gar-

cia-Anguita A, ... & Christou PA. (2018). Prevalence and characteristics of self-harm in adolescents: meta-analyses of community-based studies 1990–2015. *Journal of the American Academy of Child & Adolescent Psychiatry*, 57(10), 733-741.

22. 자기상해행동의 분류(CDC surveillance definitions에서 차용, The Oxford handbook of suicide and self-injury에서 재인용).

23. Nock MK. (2014). *The Oxford handbook of suicide and self-injury*: Oxford University Press.

24. Nock MK, Joiner Jr. TE, Gordon KH, Lloyd-Richardson E, & Prinstein MJ. (2006). Non-suicidal self-injury among adolescents: Diagnostic correlates and relation to suicide attempts. *Psychiatry Research*, 144(1), 65-72.

25. Andover MS, & Gibb BE. (2010). Non-suicidal self-injury, attempted suicide, and suicidal intent among psychiatric inpatients. *Psychiatry Research*, 178(1), 101-105.

26. Burke TA, Hamilton JL, Cohen JN, Stange JP, & Alloy LB. (2016). Identifying a physical indicator of suicide risk: Non-suicidal self-injury scars predict suicidal ideation and suicide attempts. *Comprehensive Psychiatry*, 65, 79-87.

27. Joiner Jr. TE, Van Orden KA, Witte TK, & Rudd MD. (2009). *The interpersonal theory of suicide: Guidance for working with suicidal clients*: American Psychological Association.

28. Joiner TE, Ribeiro JD, & Silva C. (2012). Nonsuicidal self-injury, suicidal behavior, and their co-occurrence as viewed through the lens of the interpersonal theory of suicide. *Current Directions in Psychological Science*, 21(5), 342-347.

29. Glenn JJ, Michel BD, Franklin JC, Hooley JM, & Nock MK. (2014). Pain analgesia among adolescent self-injurers. *Psychiatry research*, 220(3), 921-926.

30. Whitlock J, Muehlenkamp J, Eckenrode J, Purington A, Abrams GB, Barreira P, & Kress V. (2013). Nonsuicidal self-injury as a gateway to suicide in young adults. *Journal of Adolescent Health*, 52(4), 486-492.

31. Hooley JM, & Franklin JC. (2018). Why do people hurt themselves? A new conceptual model of nonsuicidal self-injury. *Clinical Psychological Science*, 6(3), 428-451.

32. 이원진. (2017). 농약규제가 자살예방에 미치는 개입 및 대치 효과. 고려대학교 산학협력단.

33. Jacob N, Evans R, & Scourfield J. (2017). The influence of online images on self-harm: A qualitative study of young people aged 16–24. *Journal of Adolescence*, 60, 140-147.

34. Arendt F, Scherr S, & Romer D. (2019). Effects of exposure to self-harm on social media: Evidence from a two-wave panel study among young adults. *New Media & Society*, 21(11-12), 2422-2442.

35. 김소정, & 고그림. (2020). 청소년 집단에서의 자해와 SNS 사용: 체

계적 문헌고찰 연구. *인지행동치료*, 20(3), 247-275.

36. Muehlenkamp J, Brausch A, Quigley K, & Whitlock J. (2013). Interpersonal features and functions of nonsuicidal self-injury. *Suicide and Life-Threatening Behavior*, 43(1), 67-80.

37. Turner BJ, Cobb RJ, Gratz KL, & Chapman AL. (2016). The role of interpersonal conflict and perceived social support in nonsuicidal self-injury in daily life. *Journal of Abnormal Psychology*, 125(4), 588.

38. Chan M, Li TM, Law YW, Wong PW, Chau M, Cheng C, ... & Yip PS. (2017). Engagement of vulnerable youths using internet platforms. *PLoS one*, 12(12), e0189023.

39. Mitchell KJ, & Ybarra ML. (2007). Online behavior of youth who engage in self-harm provides clues for preventive intervention. *Preventive Medicine*, 45(5), 392-396.

40. Nock MK, & Prinstein MJ. (2004). A functional approach to the assessment of self-mutilative behavior. *Journal of Consulting and Clinical Psychology*, 72(5), 885.

41. Kranzler A, Fehling KB, Lindqvist J, Brillante J, Yuan F, Gao X, ... Selby EA. (2018). An ecological investigation of the emotional context surrounding nonsuicidal self-injurious thoughts and behaviors in adolescents and young adults. *Suicide and Life-Threatening Behavior*, 48(2), 149-159.

42. Klonsky ED, Glenn CR, Styer DM, Olino TM, & Washburn JJ.

(2015). The functions of nonsuicidal self-injury: converging evidence for a two-factor structure. *Child and Adolescent Psychiatry and Mental Health*, 9(1), 44.

43. Franklin JC, Puzia ME, Lee KM, Lee GE, Hanna EK, Spring VL, & Prinstein MJ. (2013). The nature of pain offset relief in nonsuicidal self-injury: A laboratory study. *Clinical Psychological Science*, 1(2), 110-119.

44. Hooley JM, & Franklin JC. (2018). Why do people hurt themselves? A new conceptual model of nonsuicidal self-injury. *Clinical Psychological Science*, 6(3), 428-451.

45. Fox KR, Toole KE, Franklin JC, & Hooley JM. (2017). Why does non-suicidal self-injury improve mood? A preliminary test of three hypotheses. *Clinical Psychological Science*, 5(1), 111-121.

46. Edmondson AJ, Brennan CA, & House AO. (2016). Non-suicidal reasons for self-harm: A systematic review of self-reported accounts. *Journal of Affective Disorders*, 191, 109-117.

47. Muehlenkamp J, Brausch A, Quigley K, & Whitlock J. (2013). Interpersonal features and functions of nonsuicidal self-injury. *Suicide and Life-Threatening Behavior*, 43(1), 67-80.

48. Claes L, Houben A, Vandereycken W, Bijttebier P, & Muehlenkamp J. (2010). Brief report: The association between non-suicidal self-injury, self-concept and acquaintance with self-injurious peers in a sample of

미주

adolescents. *Journal of Adolescence*, 33(5), 775-778.

49. Turner BJ, Cobb RJ, Gratz KL, & Chapman AL. (2016). The role of interpersonal conflict and perceived social support in nonsuicidal self-injury in daily life. *Journal of Abnormal Psychology*, 125(4), 588.

50. Adrian M, Zeman J, Erdley C, Lisa L, & Sim L. (2011). Emotional dysregulation and interpersonal difficulties as risk factors for nonsuicidal self-injury in adolescent girls. *Journal of Abnormal Child Psychology*, 39(3), 389-400.

51. Burke TA, Hamilton JL, Abramson LY, & Alloy LB. (2015). Non-suicidal self-injury prospectively predicts interpersonal stressful life events and depressive symptoms among adolescent girls. *Psychiatry Research*, 228(3), 416-424.

52. Turner BJ, Cobb RJ, Gratz KL, & Chapman AL. (2016). The role of interpersonal conflict and perceived social support in nonsuicidal self-injury in daily life. *Journal of Abnormal Psychology*, 125(4), 588.

3장

53. Hilker R, Helenius D, Fagerlund B, Skytthe A, Christensen K, Werge TM, ... & Glenthøj B. (2018). Heritability of schizophrenia and schizophrenia spectrum based on the nationwide Danish twin register. *Biological Psychiatry*, 83(6), 492-498.

54. Pettersson E, Larsson H, & Lichtenstein P. (2016). Common psychiat-

ric disorders share the same genetic origin: a multivariate sibling study of the Swedish population. *Molecular Psychiatry*, 21(5), 717-721.

55. Anttila V, Bulik-Sullivan B, Finucane HK, Walters RK, Bras J, Duncan L, ... & Baum L. (2018). Analysis of shared heritability in common disorders of the brain. *Science*, 360(6395).

56. Weissma, DG, Bitran D, Miller AB, Schaefer JD, Sheridan MA, & McLaughlin K. A. (2019). Difficulties with emotion regulation as a transdiagnostic mechanism linking child maltreatment with the emergence of psychopathology. *Development and Psychopathology*, 31(3), 899-915.

57. Harlow HF, & Harlow MK. (1962). Social deprivation in monkeys. *Scientific American*, 207(5), 136-150).

58. Felitti VJMD, Facp Anda RFMD, Ms Nordenberg DMD, Williamson DFMS, ... & Mph. (1998). Relationship of Childhood Abuse and Household Dysfunction to Many of the Leading Causes of Death in Adults: The Adverse Childhood Experiences(ACE) Study. *American Journal of Preventive Medicine*, 14(4), 245-258. doi:10.1016/S0749-3797(98)00017-8

59. Kaplan C, Tarlow N, Stewart JG, Aguirre B, Galen G, & Auerbach RP. (2016). Borderline personality disorder in youth: The prospective impact of child abuse on non-suicidal self-injury and suicidality. *Comprehensive Psychiatry*, 71, 86-94.

60. Liu RT, Scopelliti KM, Pittman SK, & Zamora AS. (2018). Childhood maltreatment and non-suicidal self-injury: a systematic review and meta-analysis. *The Lancet Psychiatry*, 5(1), 51-64.

61. Serafini G, Canepa G, Adavastro G, Nebbia J, Belvederi Murri M, Erbuto D, ... & Flouri E. (2017). The relationship between childhood maltreatment and non-suicidal self-injury: a systematic review. *Frontiers in Psychiatry*, 8, 149.

62. Brown RC, Heines S, Witt A, Braehler E, Fegert JM, Harsch D, & Plener PL. (2018). The impact of child maltreatment on non-suicidal self-injury: data from a representative sample of the general population. *BMC Psychiatry*, 18(1), 1-8.

63. Yates TM. (2004). The developmental psychopathology of self-injurious behavior: Compensatory regulation in posttraumatic adaptation. *Clinical Psychology Review*, 24(1), 35-74.

64. Hooley JM, & Franklin JC. (2018). Why do people hurt themselves? A new conceptual model of nonsuicidal self-injury. *Clinical Psychological Science*, 6(3), 428-451.

65. Nock MK. (2009). Why do people hurt themselves? New insights into the nature and functions of self-injury. *Current Directions in Psychological Science*, 18(2), 78-83.

66. Corrigan F, Fisher J, & Nutt D. (2011). Autonomic dysregulation and the window of tolerance model of the effects of complex emotional

trauma. *Journal of Psychopharmacology*, 25(1), 17-25.

67. Siegel DJ. (1999). *The Developing Mind*. New York. The Guilford.

68. Sroufe LA. (1997). *Emotional development: The organization of emotional life in the early years*: Cambridge University Press.

69. Gunnar MR, & Quevedo KM. (2007). Early care experiences and HPA axis regulation in children: a mechanism for later trauma vulnerability. *Progress in Brain Research*, 167, 137-149.

70. Power C, Thomas C, Li L, & Hertzman C. (2012). Childhood psychosocial adversity and adult cortisol patterns. *The British Journal of Psychiatry*, 201(3), 199-206.

71. LeDoux JE. (2000). Emotion circuits in the brain. *Annual Review of Neuroscience*, 23(1), 155-184.

72. Feinstein JS, Adolphs R, Damasio A, & Tranel D. (2011). The human amygdala and the induction and experience of fear. *Current Biology*, 21(1), 34-38.

73. Whalen PJ. (1998). Fear, vigilance, and ambiguity: Initial neuroimaging studies of the human amygdala. *Current Directions in Psychological Science*, 7(6), 177-188.

74. Maheu FS, Dozier M, Guyer AE, Mandell D, Peloso E, Poeth K, ... & Pine DS. (2010). A preliminary study of medial temporal lobe function in youths with a history of caregiver deprivation and emotional neglect. *Cognitive, Affective & Behavioral Neuroscience*, 10(1), 34-49.

미주

75. Vyas A, Mitra R, Rao BS, & Chattarji S. (2002). Chronic stress induces contrasting patterns of dendritic remodeling in hippocampal and amygdaloid neurons. *Journal of Neuroscience*, 22(15), 6810-6818.

76. Woon FL, & Hedges DW. (2008). Hippocampal and amygdala volumes in children and adults with childhood maltreatment-related posttraumatic stress disorder: A meta-analysis. *Hippocampus*, 18(8), 729-736.ISO 690.

77. Kessler R, Schmitt S, Sauder T, Stein F, Yüksel D, Grotegerd D, ... & Jansen A. (2020). Long-term neuroanatomical consequences of childhood maltreatment: reduced amygdala inhibition by medial prefrontal cortex. *Frontiers in Systems Neuroscience*, 14, 28.ISO 690.

78. Tottenham N, & Gabard-Durnam LJ. (2017). The developing amygdala: a student of the world and a teacher of the cortex. *Current Opinion in Psychology*, 17, 55-60.

79. Titelius EN, Cook E, Spas J, Orchowski L, Kivisto K, O'Brien K, ... & Seymour KE. (2018). Emotion dysregulation mediates the relationship between child maltreatment and non-suicidal self-injury. *Journal of Aggression, Maltreatment & Trauma*, 27(3), 323-331.

80. Wolff JC, Thompson E, Thomas SA, Nesi J, Bettis AH, Ransford B, ... & Liu RT. (2019). Emotion dysregulation and non-suicidal self-injury: A systematic review and meta-analysis. *European Psychiatry*, 59, 25-36.

81. Scaer R. (2014). *The body bears the burden: Trauma, dissociation, and*

disease: Routledge.

82. Yates TM. (2009). Developmental pathways from child maltreatment to nonsuicidal self-injury. *Understanding Nonsuicidal Self-injury: Origins, Assessment, and Treatment*, 117-137.

83. Paivio SC, & McCulloch CR. (2004). Alexithymia as a mediator between childhood trauma and self-injurious behaviors. *Child Abuse & Neglect*, 28(3), 339-354.

84. Yates TM. (2009). Developmental pathways from child maltreatment to nonsuicidal self-injury. *Understanding Nonsuicidal Self-injury: Origins, Assessment, and Treatment*, 117-137.

85. Calati R, Bensassi I, & Courtet P. (2017). The link between dissociation and both suicide attempts and non-suicidal self-injury: Meta-analyses. *Psychiatry Research*, 251, 103-114.

4장

86. Burke TA, Piccirillo ML, Moore-Berg SL, Alloy LB, & Heimberg RG. (2019). The stigmatization of nonsuicidal self-injury. *Journal of Clinical Psychology*, 75(3), 481-498.

87. Klonsky ED. (2007). The functions of deliberate self-injury: A review of the evidence. *Clinical Psychology Review*, 27(2), 226-239.

88. Lewis SP, & Mehrabkhani S. (2016). Every scar tells a story: Insight into people's self-injury scar experiences. *Counselling Psychology Quar-*

terly, 29(3), 296-310.

89. Whitlock J, Eckenrode J, & Silverman D. (2006). Self-injurious behaviors in a college population. *Pediatrics*, 117(6), 1939-1948.

90. Lewis SP, & Mehrabkhani S. (2016). Every scar tells a story: Insight into people's self-injury scar experiences. *Counselling Psychology Quarterly*, 29(3), 296-310.

91. Kelada L, Hasking P, Melvin G, Whitlock J, & Baetens I. (2018). "I do want to stop, at least I think I do": An international comparison of recovery from nonsuicidal self-injury among young people. *Journal of Adolescent Research*, 33, 416–441.

92. Lewis SP, Kenny TE, Whitfield K, & Gomez J. (2019). Understanding self-injury recovery: Views from individuals with lived experience. *Journal of Clinical Psychology*, 75(12), 2119–2139.

93. Harandi TF, Taghinasab MM, & Nayeri TD. (2017). The correlation of social support with mental health: A meta-analysis. *Electronic Physician*, 9(9), 5212.

94. Wang Y, Chung MC, Wang N, Yu X, & Kenardy J. (2021). Social support and posttraumatic stress disorder: A meta-analysis of longitudinal studies. *Clinical Psychology Review*, 101998.

95. Wang J, Mann F, Lloyd-Evans B, Ma R, & Johnson S. (2018). Associations between loneliness and perceived social support and outcomes of mental health problems: a systematic review. *BMC psychiatry*, 18(1),

1-16.

96. Zalta AK, Tirone V, Orlowska D, Blais RK, Lofgreen A, Klassen B, ... & Dent AL. (2021). Examining moderators of the relationship between social support and self-reported PTSD symptoms: A meta-analysis. *Psychological Bulletin*, 147(1), 33.

97. https://www.youtube.com/watch?v=bULL3sSc_-I.

〜〜〜 자해를 하는 마음

초판 1쇄 펴낸날 2022년 1월 28일
    3쇄 펴낸날 2024년 9월 2일

지은이 임민경
펴낸이 이은정
제작 제이오
디자인 소요 스튜디오
조판 김경진
교정교열 백도라지

펴낸곳 도서출판 아몬드
출판등록 2021년 2월 23일 제 2021-000045호
주소 (우 10416) 경기도 고양시 일산동구 강송로 156
전화 031-922-2103 팩스 031-5176-0311
전자우편 almondbook@naver.com
페이스북 /almondbook2021 인스타그램 @almondbook

○ 이 도서는 한국출판문화산업진흥원의 '2021년 출판콘텐츠 창작 지원 사업'의 일환으로 국민체육진흥기금
  을 지원받아 제작되었습니다.